Natalie Soso

Verloren sein, um aufgefangen zu werden

-

Mein Weg zum Medium

© 2019 by Natalie Soso

www.nataliesoso.ch

Herstellung und Verlag:
BoD – Books on Demand, Norderstedt
ISBN: 978-3-7386-0036-0

Liebe Leserin, lieber Leser

Oftmals fragen mich die Menschen, wieso man überhaupt Leid, Trauer oder Krankheit erfahren muss.

Nur wer die Kälte kennt, schätzt die Wärme.

Nur wer den Regen kennt, schätzt die Sonne.

Nur wer die Nacht kennt, schätzt den Tag.

Nur wer die Gegensätze kennt, erkennt den Segen darin.

Ich wünsche dir viel Vergnügen beim Lesen meines Buches.

Herzlichst,

Natalie

Inhalt

- Wird man als Medium geboren?
- Träume
- Heilungen und unkontrollierte körperliche Wahrnehmungen
- Meine Erkrankung war die Anerkennung und die Annahme meiner Gaben
- Weg der Heilung
- Bewusstes Erwachen
- Führung
- Nicht mehr zuhause in dieser Welt
- Verloren sein, um aufgefangen zu werden
- Tiefe Einsichten
- Sehen in anderen Dimensionen
- Bewegung ist Entwicklung
- Seelenbegegnung
- Kindliche Fragen zu heiklen Themen
- Eintauchen in die Medialität und all ihre Facetten

- Geistige Welt ist bedingungslose Liebe
- Das geistige Team gibt den Takt an und nicht ich
- Meine Entwicklung

Buch Widmung

Dieses Buch widme ich meiner Familie, die ich immer lieben werde. Ich danke ihr, dass sie mich jederzeit so annimmt, wie ich bin. Auch wenn ich dies erst im Alter von 38 Jahren erfahren durfte, so wird es nun bis zu meinem Lebensende so sein.

Ich widme dieses Buch meiner Freundin und Mentorin Elvira Truttmann, weil ich ohne dich und die MAS (Mediale Akademie Schweiz) nicht dort wäre, wo ich bin.

Ich widme dieses Buch allen Menschen, die mich auf irgendeine Art und Weise auf meinem Weg begleitet haben, und künftig begleiten werden.

Ich widme dieses Buch genau dir, weil es einen Grund hat, dass du es liest. Welcher Grund es auch sein mag, es wird in dir das bewirken, was für dich richtig ist.

Vorwort

Wie ist es zu diesem Buch gekommen? Als ich meine Erkrankung überstanden hatte, hatte ich den Drang in mir, diese, meine Geschichte niederzuschreiben. Menschen, die mein Erwachen und meine Erlebnisse miterlebt hatten, sagten mir, dass ich dies unbedingt mitteilen müsse. Damit ich einigen Menschen eine Hilfe sein und vielleicht ein wenig Hoffnung und Trost spenden kann.

Fast sieben Jahre lang konnte ich meine Erfahrungen nicht aufschreiben. Ich wusste nicht, wieso es nicht ging. Heute weiß ich, dass erst jetzt der richtige Zeitpunkt gekommen ist. Ich musste keinen Moment überlegen. Es war, als ob mich meine geistigen Freunde an den Laptop zogen und mich seither nicht mehr ruhen ließen. Ich habe den groben Entwurf des gesamten Buches binnen drei Tagen fertiggestellt. Im Flow würden das einige wohl nennen. Ja, es war, als wäre ich im Fluss. Ich fühlte, wie eine Verbindung von meinem Solarplexus zur Tastatur meines Laptops reichend, entstanden war. Als der Zeitpunkt kam, zu dem die Verbindung abbrach, merkte ich, dass ich fertig war. Ich war mir nicht sicher, ob es nun wirklich getan war. Ich schaute auf meine Uhr und bemerkte, dass der Sekundenzeiger stehen geblieben war. Es war getan. Als ich dieses Zeichen verstand und den Laptop abstellte, lief der Sekundenzeiger normal weiter.

Wir erhalten so viele Zeichen, wir sollten sie nur sehen und verstehen lernen. Mehr habe ich dir zum jetzigen Zeitpunkt nicht zu sagen. Denn das Vorwort ist der letzte Teil meines Buches, den ich geschrieben habe. Ich habe alles, was ich sagen wollte, bereits niedergeschrieben. Ich weiß nicht, ob das normal ist, dass man mit dem Vorwort endet. Aber was ist schon normal und was nicht? Ich habe es getan.

Wird man als Medium geboren?

Meine Familie ist absolut nicht religiös, eher schon fast das Gegenteil. Meine Schwester und ich hingegen waren als Kinder sehr religiös. So sind wir zusammen freiwillig jeweils am Sonntag in die Sonntagsschule. Meine Eltern akzeptierten dies, sicherlich auch deshalb, weil sie so ein wenig Zeit für sich hatten. Als Kind hatte ich lange das Gefühl, nicht bei den richtigen Eltern gelandet zu sein. Lange glaubte ich, dass man mich sicher bei der Geburt im Krankenhaus verwechselt habe, und den falschen Eltern in die Arme gedrückt hätte. Ich meine dies nicht im Sinne, dass ich die schlimmsten oder schlechtesten Eltern gehabt hätte, denn das war wirklich nicht der Fall. Es war einfach dieses komische Gefühl in mir, dass da irgendetwas nicht stimmte. Im Laufe der Jahre verlor sich dieses Gefühl allmählich. Ich bin zweifelsfrei das leibliche Kind meiner Eltern. Erst vor wenigen Jahren verstand ich, weshalb ich damals dieses Gefühl hatte. Ich las in einem Buch, dass dies sehr oft diejenigen Kinder haben, welche sich mit ihrer Seele noch sehr der Ursprungsquelle, der Ursprungsfamilie, (unbewusst) bewusst sind.

Als Kleinkind machte ich bereits Erfahrungen, die nicht alltäglich waren. So geht meine früheste Erinnerung damit einher, dass ich die Trennung meiner Eltern vorausgeträumt habe. Immer wieder hatte ich denselben Traum: Ich lief mit meinen Eltern durch einen dicht bestandenen, dunklen, ein wenig unheimlichen Wald. Der Wald war sehr still, es waren keine Vögel oder sonstige Geräusche zu hören. Ich sah mich in diesem Traum nicht in meinem Körper, sondern als eine stille Beobachterin, die die Situation von hinten betrachtet. Ich sah mich von hinten zwischen meinen Eltern laufend, als auf einmal meine Mutter nach links und mein Vater nach rechts abdrifteten. Der Boden tat sich auf und ich verschwand in diesem gähnenden Loch, das sich urplötzlich unter meinen Füßen öffnete. Du kannst dir sicherlich vorstellen, wie beängstigend das für mich als Kleinkind war. Auch verstand ich in keiner Weise, was das eigentlich zu bedeuten hatte. Ich mag mich noch sehr gut daran erinnern, dass ich mit meinen Erzählungen auf taube Ohren gestoßen bin, als ich meine Eltern jeweils unter Tränen, wegen dieses Alptraumes, aus dem Schlaf gerissen habe.

Heute im Rückblick weiß ich, dass die Trennung nicht lange auf sich warten ließ. Als die Trennung vonstattenging, hatte dieser Traum ein jähes Ende.

Ich gebe meinen Eltern keine Schuld, dass sie mich damals nicht ernst genommen haben. Dies war jedoch die Geburtsstunde der zwei Sätze, der Sätze, die ich immer wieder im Laufe meines Lebens gehört habe: «Du hast eine blühende Fantasie» und «Du hörst das Gras wachsen».

Heute kann ich dies bestätigen und sogar mit Stolz sagen, ja, diese Worte waren die Wahrheit.

Ich mag mich natürlich nicht mehr an alles erinnern, aber das Nächste, woran ich mich erinnern kann, ist, dass, als ich ungefähr fünf oder sechs Jahre alt war, mein Großvater urplötzlich verstorben ist. Mein Großvater war die kindliche erste Liebe meines Lebens. Ich liebte ihn heiß und innig. Ich konnte einfach nicht verstehen, was das hieß, dass er nun so plötzlich an einem Herzinfarkt verstorben war, und dass er mich nie mehr auf seinen Schoß nehmen würde. Dass wir nie mehr zusammen seine, unsere gemeinsame Leidenschaft, das Puzzeln ausüben würden. Für mich ist meine kleine Welt zusammengebrochen. Es war mein erster erlebter Todesfall. Somit war es auch die erste Beerdigung in meinem Leben. Ich muss wirklich sagen, dass diese Beerdigung ein richtiges Trauma war. Als ich am Grab von meinem Großvater stand, bin ich zusammengebrochen. Ich habe nur noch geweint und geschrien, als ich das neue Zuhause meines Großvaters sah. Diesen dunklen, braunen Sarg, tief in der Erde. Meine Verwandten waren teils peinlich berührt und einige auch entrüstet darüber, wie ich mich dort an dem Grab verhalten habe. Noch schlimmer wurde es dann beim Leichenschmaus. Da waren doch die Leute zuvor am Grab traurig und eine Stunde später saß man in der Wirtschaft und hat sich die Bäuche vollgeschlagen, die Gläser gehoben, heiter und ausgelassen gelacht. Mir war speiübel. Ich aß keinen Bissen. Für mich war das Verhalten wie ein Verrat an meinem Großvater und ich weiß, dass ich meinem Vater gesagt habe, dass ich nicht verstehen kann, wie Menschen so falsch sein können. Das Fazit dieser Beerdigung war, dass ich nie mehr an eine andere Beerdigung gehen musste. Meine Eltern waren sicherlich froh über diese Entscheidung, denn nochmals so ein Drama hätten meine Familie und meine Verwandten sicherlich nicht noch einmal ertragen. Das mit dem Fernbleiben von Beerdigungen ist bis heute so geblieben. Ich bin nie mehr an einer ganzen Beerdigung anwesend gewesen.

Als meine Großmutter starb, war ich bis kurz vor ihrem letzten Atemzug an ihrem Sterbebett. Ich habe mich dort von ihr verabschiedet. Bei ihrer Beerdigung war ich nur anwesend, als ihr selbst geschriebener Lebensbrief vorgelesen wurde, und als mein Stiefvater verstorben ist, bin ich der Beerdigung ganz ferngeblieben. Ich habe gelernt, mich anders zu verabschieden, auf eine Art, die für mich passt.

Ich hatte jahrelang diese tiefe Trauer um den Verlust meines Großvaters in mir. Ich konnte diese Trauer nicht loslassen. Eines Tages, als ich bei meinem Vater schlief, dessen Wohnung genau gegenüber dem Friedhof lag, in dem mein Großvater sein Grab hatte, passierte etwas Wunderschönes. Ich wollte bis dahin nie in dem Zimmer schlafen, das genau dem Friedhof gegenüber lag. In jener Nacht schlief ich in diesem Zimmer, und als ich mich wieder mit diesen Gedanken quälte, wie es wohl meinem Großvater dort drüben gehe, und dass ich ihm eigentlich so nah und trotzdem so entfernt bin, ist mir mein Großvater erschienen. All jene, die so eine Erscheinung schon einmal selbst erlebt haben, erzählen mir genau das Gleiche.

Es passiert nicht im Schlaf, nicht im Traum, sondern man schläft, man erwacht und man sieht diesen verstorbenen Menschen wie ein 3D-Hologramm. Man hört telepathisch, was er zu sagen hat, und man fühlt genau diese Liebe wie zu

Lebzeiten. Seine Worte waren: «Ich werde immer auf dich aufpassen und deine Zeit wird kommen, wo du verstehen wirst, dass wir niemals sterben. Dass wir immer um euch herum bleiben und euch beistehen. Du wirst mich nicht mehr sehen, so wie du mich jetzt siehst, aber deine Zeit wird kommen, wo du weißt, dass es den Tod so eigentlich nicht gibt.»

Ich hatte nie mehr eine derartige Erscheinung. Ich muss ganz ehrlich sagen, dass ich von diesem Tag an wusste, dass es meinem Großvater gut geht, und ich durch dieses Erlebnis endlich diese tiefe Trauer überwinden konnte. Er erschien mir, damit ich diese Trauer loslassen konnte. Erst Jahre später realisierte ich, dass mir diese Erscheinung aber auch sehr viel Angst hinterlassen hatte. Nicht bewusst, aber unbewusst, und dass ich mir immer wieder Fragen diesbezüglich gestellt habe. Mein Großvater hatte doch gesagt, dass er immer bei mir sein würde, und als ich dann älter wurde, fragte ich mich, ob er nun alles sehen kann, was ich so tue und sage. Gerade in der Pubertät wollte ich ja sicherlich nicht, dass er mich bei allem beobachten würde. Somit war für mich eigentlich klar, dass ich mit denen in der geistigen Welt nichts zu tun haben möchte. Ich beschloss, dass ich die Seelen nicht sehen und auch nicht um mich herum haben wollte. Schon als kleines Kind war dies meine Taktik, mit Angst umzugehen. Ich hatte riesige Angst vor Hunden und jedes Mal, wenn mir einer entgegenkam, habe ich mir mit beiden Händen die Augen verdeckt. Ich war felsenfest davon überzeugt, dass, wenn ich den Hund nicht sehen konnte, so würde der Hund auch mich nicht sehen können. Genauso habe ich mich mit dem Wissen, dass die Verstorbenen weiterhin um uns herum sind, verhalten. Ich habe meine Augen und mein Herz verschlossen, nur damit sie mich nicht sehen konnten. Heute weiß ich, dass die verstorbenen Seelen zwar um uns sind, wenn wir sie brauchen, sie aber auch wichtigere Dinge zu erledigen haben, als uns ständig zu beobachten.

Als Kind war ich lange Zeit sehr unsicher, gehemmt, sehr angepasst und absolut scheu. Ich hatte so viele tiefliegende Wünsche und Träume, aber nie den Mut, mich nach vorne zu stellen. So träumte ich davon, die Hauptrolle im Schultheater zu bekommen, und als sich diese Gelegenheit bot, versagte ich innerhalb von Sekunden. Ich kriegte bei der Probe kein Wort heraus und der zuvor gelernte Text war weg. Genauso wie die Hauptrolle, welche nun ein anderes Mädchen bekam. Meine

Erinnerung an den zuvor gelernten Text hatte sich vor lauter Angst in Luft aufgelöst. Jahrelang hatte ich Panik, wenn ich irgendetwas vor Leuten vortragen musste. Auch wenn es nur vor wenigen Menschen war. Heute stehe ich auf der Bühne.

Ein weiterer Traum und inniger Wunsch von mir war, ein Buch zu schreiben. Heute hältst du es in deiner Hand. Ich befasste mich in jungen Jahren mit Literatur, welche überhaupt nicht kindgerecht und angepasst war. So verbrachte ich Stunden damit, in meiner kindlichen Schrift Gedichte über die Welt, das Leben und das Verständnis der Menschen niederzuschreiben. Ich war gerade mal neun Jahre alt. Wenn ich mich heute mit diesen Zeilen befasse – ich besitze dieses Heft immer noch –, dann merke ich, dass ich schon dazumal inspiriert geschrieben habe. Denn das Weltverständnis, das diese Zeilen ausdrücken, kann man verstandesmäßig bei einem neunjährigen Mädchen nicht erklären.

Eine meiner weiteren Passionen war zudem zu lesen, oftmals bis spät in die Nacht. Weil wir früh schlafen gehen mussten, las ich versteckt mit der Taschenlampe unter meiner kuschelig warmen Bettdecke. Schon bald war ich aus den Jugendbüchern, «Hanni und Nanni» und die «Fünf Freunde» herausgewachsen. Ich war Stammgast in unserer Schulbibliothek, die nicht nur für die Schule, sondern auch für die Öffentlichkeit zugänglich war, und eine große Auswahl an verschiedener Lektüre besaß. In diesem zarten Alter habe ich hauptsächlich schwere Biografien über Menschen und deren Lebensgeschichte gelesen. Eines meiner absoluten Lieblingsbücher war «Auch du stirbst, einsamer Wolf» von Fritz Mertens. Das Buch handelt von einem Jugendlichen, der straffällig und später sogar zu einem Mörder wurde. Er ging zur Fremdenlegion und wurde dort Söldner. Später desertierte er von der Fremdenlegion und lebte auf der Flucht. Dieses Buch, eine wahre Lebensgeschichte, seine Lebensgeschichte, schrieb der Autor während seiner Gefängnisinhaftierung. Es war seine Art, seine Geschichte und seine Taten aufzuarbeiten. Ein weiteres Buch, welches ich nicht vergessen werde, weil dieses Buch mich absolut überforderte, handelte von einer Frau mit multipler Persönlichkeit. Ihre Störung umfasste sieben verschiedene Persönlichkeiten.

Ich merkte, dass ich mich oftmals fragte, ob ich eventuell auch so eine Tendenz hätte. Wie konnte ich mir sonst erklären, dass ich Sachen wusste und spürte – etwas, das andere angeblich nicht taten. Das könnte ja gut auch eine andere Person in mir sein! Irgendwann siegte jedoch meine Vernunft, welche mir sagte, dass dem nicht so ist.

Ich liebte die Menschen schon immer. Mich haben Menschen und ihre Lebensgeschichten schon immer fasziniert. Aber ich habe die Menschen auch schon immer anders wahrgenommen. Ich wusste schon als kleines Mädchen, wann jemand log und wann nicht. Ich wusste, wenn es Probleme geben würde. Ich wusste, wenn etwas passieren würde. Ich schaute hinter die Masken der Menschen. Ich wusste, wenn mich jemand mochte und wenn nicht. Ich wusste es einfach. Heute weiß ich, dass man das hellwissend nennt.

In den frühen Pubertätsjahren musste ich oft für meine drei Jahre ältere Schwester die Schwarz-Weiß-Fotografien aus dem Fotoautomat «lesen». Die Fotobilder ihrer jugendlichen Liebschaften oder Schwärmereien lesen und deuten. Wie ist der Typ? Wie denkt und fühlt er? Was sind seine Gefühle für mich? Wann werden wir uns treffen? Wird es zu einer Beziehung kommen? Zu unserem gemeinsamen Erstaunen hatte ich nebst Fehlschlägen auch eine hohe Trefferquote. Heute bin ich mir bewusst, dass ich dazumal schon unbewusst Readings, das sensitive Lesen von Menschen, gemacht habe. Für mich waren all diese Sachen so natürlich und so selbstverständlich. Ich nahm an, dass das ganz normal sei. Aber die meisten Leuten sagten mir ständig, dass ich das Gras wachsen höre und ich damit aufhören solle. So verhalte sich ein Mädchen in meinem Alter nicht. Ich hatte diese Dinge so selbstverständlich gemacht, ohne sie willentlich oder absichtlich zu steuern. Ich hatte auch immer Wahr- und Unwahrheiten sowie Gerecht- und Ungerechtigkeiten wahrgenommen. Dadurch bin ich oft in Situationen gekommen, die mit meinen Mitschülern, Mitmenschen und mit Autoritätspersonen nicht sehr einfach waren. Irgendwann hatte ich das Gefühl, dass ich wohl doch nicht ganz richtig sei. Das ich nicht ganz kompatibel mit der Menschheit sei. Wie jeder normale, pubertierende Mensch habe ich mich angefangen aufzulehnen und wurde auch zunehmend aggressiver. Ich habe angefangen, solche Empfindungen entweder ganz zu unterdrücken und zu ignorieren oder dann der jeweiligen Person das von mir Wahrgenommene unkontrolliert und ungefiltert ins Gesicht zu schleudern. So machte ich mir mein Leben aber auch nicht leichter.

Wenn ich heute alte Briefe lese, die ich in meiner Internatszeit von Leuten erhalten habe, so bemerke ich, dass ich schon dazumal Lebensberatungen gemacht habe. Ich wurde oft von Personen angefragt, wie sie sich nun verhalten sollen, oder was eine andere Person über sie denke oder für sie fühle. Nebst dem, dass ich schon dazumal als Lebensberaterin unterwegs war, stehen dort auch sehr viele Zeilen, deretwegen ich heute über mich selbst lachen muss. Ich mich frage, wie ich nur so schreiben konnte. So unzensiert, naiv und unverblümt ehrlich, wo ich doch so lange angepasst war.

In den darauffolgenden Jahren, nach der Erscheinung meines Großvaters, war ich sensitiv und empathisch unterwegs. Medial hielt ich aber die Augen immer noch verschlossen. Erst im Alter von 15 Jahren bin ich wieder in den Kontakt mit der Medialität getreten. In meinem Internatsjahr waren wir eine lustige und großartige Truppe. Aber oftmals war uns auch sehr langweilig, so entschlossen sich einige, sich des Tischrückens anzunehmen. Diese Versuche scheiterten jedoch und man beschloss, dass man es mit dem Gläserrücken probieren sollte. Auch dies war erfolglos. Irgendwann gesellte ich mich dem Treiben hinzu. Ich nahm einen Platz an dem Tisch ein und legte meine Hand auf das Glas. Zuerst geschah auch bei mir nichts, aber kurz bevor ich aufgeben wollte, spürte ich, wie eine fremde Energie um mich herum war. Tat dieses Gefühl aber als Reaktion der Aufregung und Anspannung ab. Ich fragte, ob jemand anwesend sei.

Das Glas rückte zu den Buchstaben und zeigte uns ein deutliches Ja. Ich hatte das Herz in meiner Hose, machte aber weiter. Ich fragte nach dem Namen des Geistes. Das Glas rückte von Buchstabe zu Buchstabe und gab den Namen «Gusti» durch. In diesem Moment erkannte ich, dass dies mein Großvater war, und all die Bedenken, Ängste und Fragen aus meiner frühen Kindheit kamen hervor. Anzumerken ist, dass ich mich nicht mehr an den Vornamen meines Großvaters erinnern konnte, da er für mich immer nur der «Äti» war. Ich spürte einfach diese mir so vertraute Energie. Erst später wurde mir durch meine Mutter bestätigt, dass mein Großvater Gustav hieß. Er sich aber immer nur als «Gusti» bei den Leuten vorstellte. Als ich diese Energie erkannte, stürmte ich panikartig aus dem Raum.

Für weitere Jahre habe ich mich erneut diesem Thema verschlossen. Ich konnte einfach nicht damit umgehen. Je mehr ich meine Wahrnehmungen unterdrückte, umso stärker wurden meine Träume, denn diese konnte ich nicht aktiv kontrollieren, steuern oder eben unterdrücken. Angenehme und hilfreiche Wahrnehmungen ließ ich weiterhin zu. Sowie mir eine Patientin in den Sinn kam, wusste ich bereits, dass ich ihr einen Termin reservieren musste. Dies führte natürlich oftmals zu deren

Erstaunen. Manche Leute mochten mich, aber oftmals hörte ich auch Beschwerden bei meinem damaligen Arbeitgeber. Ich sei so altklug und sage Sachen, die nicht altersgerecht seien. Mit der Zeit habe ich angefangen, all die Dinge, die ich wahrnahm, Lösungsansätze oder Ratschläge, nicht mehr zu äußern. Leider auch dann, wenn die Leute mich danach gefragt haben. Hatte mir das alles doch unter dem Strich mehr Ärger als Dankbarkeit eingebracht. Denn oftmals wurde ich nach Dingen gefragt und als sie die Antwort hatten, waren sie sehr dankbar. Sah ich die Fragesteller aber einige später Zeit wieder, so mieden sie mich. Plötzlich war ich diesen Leuten unheimlich und die Angst, dass ich zu viel von ihnen sehen könnte, machte mich ungewollt einsam.

Einfach nur so am Rande, ich lese die Leute im Alltag nicht aus Neugierde. Vielleicht nehme ich kurz etwas wahr, schiebe dies aber sofort wieder zur Seite. Ich habe keinen Bedarf und meistens interessiert es mich schlichtweg auch gar nicht. Also könnten sich die Leute ihre Angst sparen oder dann ihre Angst diesbezüglich gezielt aus- oder ansprechen. Manchmal frage ich mich, ob solche Menschen wirklich glauben, dass ihr Zahnarzt in seinem Privatleben auch bei jeder Gelegenheit die Zähne der anderen Leute analysiert und in

Gedanken bearbeitet. Nein? Also weshalb sollte ich das tun?

So verschloss ich mich zusehends. Bis heute höre ich oft, dass ich so verschlossen sei, und meine Gefühle nicht zeige. Oder dass ich teils krass reagiere, ohne mich vorher geäußert zu haben. Na ja, alles hat seinen Preis, nicht wahr? Menschen, die mich wirklich kennen, kennen meine Geschichte. Wissen, weshalb ich so erscheine, und kennen meine Gefühle. Wie ich dir später noch berichten werde, verbinde ich mich mit jedem Menschen, den ich wirklich mag. So stellt sich mir auch die Frage, will ich mit jedem Menschen verbunden sein?

Wenn du jedermanns Liebling sein willst, dann geht es dir darum, dass dich die Leute mögen und nicht, weil sie dir guttun oder du sie wirklich magst. Das geht nicht, wenn du ein Sensitiver bist, und man lernt mit der Zeit, dass man sich bewusst abgrenzen muss.

Nicht jeder Mensch muss ein Sensitiver sein, obwohl wir alle dieselben Ressourcen, die gleiche Quelle haben. Auch muss ein Sensitiver nicht ein Medium sein. Aber ein Medium muss immer auch ein Sensitiver sein. Spiritualist zu sein bedingt nicht, dass man ein Sensitiver oder ein Medium sein muss. Es bedingt aber, dass man bereit ist, sich mit solchen Themen auseinanderzusetzen.

Wenn man sich mit solchen Themen auseinandersetzt, wird man automatisch anders und oftmals erscheint einem die Welt ein wenig komplizierter. Geschweige denn, wenn man ein Sensitiver oder ein Medium ist. Niemand hat gesagt, dass es einfach ist, das Gras wachsen zu hören.

Spiritualisten sind keine Esoteriker. Wir Spiritualisten sind Menschen mit einer spirituellen Lebensphilosophie. Spiritualität ist eine Religion, eine Philosophie und eine Wissenschaft. Mit Religion meine ich, dass wir daran glauben und davon überzeugt sind, dass die Seele unsterblich ist. Dass alle Menschen denselben Lebensfunken in sich tragen. Dass wir alle den gleichen Ursprung haben und somit alle gleichwertig sind. Egal was wir glauben. Egal welche Rasse wir haben. Wir «schweben» nicht durch das Leben. Wir suchen in der Spiritualität nicht die Anleitung für ein leichteres Leben. Wir sind bodenständige, oftmals sehr kritische Menschen. Wir wissen, dass das Leben durch unser Wissen und unsere Wahrnehmungen nicht leichter wird. Dass unsere Mitmenschen uns oftmals nicht verstehen und etwas anderes von uns erwarten. Aber wir haben gelernt, einsam zu sein. Gelernt, die Einsamkeit zu schätzen, wenn nicht sogar sie richtiggehend zu brauchen. Wir haben gelernt, durch und an schmerzhaften Erlebnissen zu wachsen und uns unserer eigenen Persönlichkeitsentwicklung zu widmen. Wir haben gelernt, Eigenverantwortung für uns zu übernehmen. Antworten in uns selbst zu suchen, anstelle die Antworten im Außen zu suchen.

Träume

Ich persönlich arbeite nicht mit Hilfsmitteln zur Traumdeutung. Auch habe ich nie die Lottozahlen vorausgeträumt. Meine Träume dienten mir nie zur Bereicherung. Sie verhalfen mir persönlich in den vergangenen Jahren aber oftmals dazu, mich auf kommende schwierige Zeiten, heikle Gespräche oder Situationen seelisch vorzubereiten. Dies aber auch erst, seit ich gelernt habe, mich darauf einzulassen und meiner Intuition, meiner inneren Führung zu vertrauen. Nicht einfach bedingungslos zu vertrauen, denn unser Verstand spielt uns oftmals auch einfach einen Streich, aber zu vertrauen, wenn es stimmig ist. Im Schlaf und in den Träumen verarbeiten wir Erlebtes, Gefühle und auch alles, was wir den ganzen Tag hindurch unbewusst wahrnehmen. Darum verlasse ich mich nicht auf die Traumdeutung. Ich verlasse mich darauf, dass, wenn der Traum wichtig für mich ist, die Erinnerung an den Traum im Verlaufe des Tages wieder in mein Bewusstsein kommt. Dann weiß ich auch, was er mir sagen möchte. Versucht man Träume zu deuten, anstelle sie einfach zu verstehen, kommt unsere eigene Wunschvorstellung, unser Verstand und unser eigenes Verständnis mit hinein. Der Traum wird zum Vehikel. Also lasse ich alles andere getrost einfach nur das sein, was es ist, nämlich einen Traum.

Ich beschränke mich auf die mir am wichtigsten erscheinenden Träume. So habe ich neben der Trennung meiner Eltern im Kleinkindalter auch jeden Tod in meiner Familie vorausgeträumt. Dies natürlich erst nach dem erlebten Todesfall meines Großvaters, da ich bis dahin gar kein Verständnis dafür hatte, dass man überhaupt je sterben muss. Meine Mutter rügte mich wegen meiner blühenden Fantasie, als ich ihr eines Tages sagte, dass es meiner Großmutter väterlicherseits nicht gut gehe. Wenige Stunden später erhielt meine Mutter einen Anruf aus dem Altenheim, in dem meine Großmutter lebte. Es wurde ihr mitgeteilt, dass es meiner Großmutter schlecht gehe.

Später träumte ich einmal, dass mein damaliger Freund sich in eine Arbeitskollegin verliebt hatte. Als ich ihn damit konfrontierte, wurde er blass. Noch mehr, als ich ihm vorschlug, sich mit dieser Frau zu treffen, um zu sehen, ob er sich da nicht einfach in eine Vorstellung, anstatt in wirkliche Verliebtheit verrannte. Er traf sich mit der Frau und es war, wie ich ihm sagte, nur seine Vorstellung und nicht die Frau, die es ihm angetan hatte. Leider habe ich mich nach diesem Erfolgserlebnis die kommenden Jahre nicht mehr an meine Intuition und Vorausahnungen gehalten. Ich habe einfach mein Leben in vollen Zügen genossen, nichts ausgelassen und oft den Kopf angeschlagen. Als ich mir später allem bewusst wurde, dachte ich mir auch, wie doof ich doch gewesen bin. Wie vieles ich hätte verhindern können. Heute weiß ich aber auch, weshalb ich das bin, was ich heute bin. Ich bin das, weil ich genau all diese Erfahrungen durchlebt habe.

Und genauso ist es bei dir. Wir alle können das Rad der Zeit nicht mehr zurückdrehen, Taten, Handlungen, Worte, die wir sprachen, sind geschehen. Wir können es nicht mehr ändern, wir haben mit den Konsequenzen umzugehen, die Verantwortung dafür zu tragen. Wir können nur unser Wissen erweitern und verstehen, was wir dadurch erreicht oder eben nicht erreicht haben. Das Leben ist ein Lernprozess. Sensitive oder mediale Arbeit bedingt, dass man weiß, was Schmerz, Verlust und Krankheit bedeuten. Aber auch was es heißt, glücklich, zufrieden und vollkommen zu sein. Darum führt kein Weg an den Erfahrungen vorbei. Man kann sie verkürzen oder sie sich erleichtern in dem, wie man sie annimmt und damit, wie man mit ihnen umgeht. Man kann sie aber auch verlängern, indem man daran festhält, sich schuldig fühlt, oder Menschen und vor allem sich selbst nicht verzeihen kann.

Es brauchte leider einige Krankheiten und Ableben bis meine Familie meine Träume für wahr nahm und nicht mehr als Spinnerei meinerseits abtat. Ich teilte meiner Mutter mit, dass mein Stiefvater, der getrennt von uns und im Ausland lebte, geheiratet habe. Meine Mutter konnte sich das nicht vorstellen, da er nie heiraten wollte und sie all die Jahre in wilder Ehe zusammengelebt hatten. Wir wussten nicht, wo er lebte, so konnten wir meine Aussage auch nicht überprüfen. Zwei Jahre später stand mein Stiefvater in meiner Praxis. Ich habe ihn fast nicht mehr erkannt. Er war ein gebrochener Mann, der sein ganzes Hab und Gut durch den Tsunami in Sri Lanka verloren hatte. Er erzählte mir, dass er in Sri Lanka eine Frau, von dort, geheiratet habe und er unbedingt wieder zurückwolle, wenn er irgendwie Fuß gefasst habe. Da hatte ich meine Gewissheit, dass ich mich auch auf meine schönen Träume verlassen konnte, und nicht nur auf die traurigen.

Mein Stiefvater hatte alles verloren, er hatte nichts mehr außer seinem unerbittlichen Stolz! Keine Kleider und kein Geld mehr. Die Kleider, die er trug, waren Kleider von einer Kleidersammlung und hingen lose an seinem einst gutgebauten Leib. Ich lud ihn zum Essen ein, er getraute sich nicht richtig etwas zu bestellen. Das Geld, das ich ihm gab, wollte er mir irgendwann zurückzahlen. Er war immer ein stolzer und eigensinniger Mann. Ich wollte das Geld nicht zurückhaben, denn es hätte nie das ausgeglichen, was ich im Leben, von ihm erhalten habe. Ich versuchte, den Kontakt zu ihm aufrechtzuerhalten, er zog sich aber von allem zurück und ich wusste nicht einmal, wo er lebte. So verstrich ein ganzes Jahr. Eines Tages sagte ich meiner Mutter, dass jemand verstorben sei. Sie schlug die Hände über dem Kopf zusammen und sagte: «Bitte nicht.» Später rief sie mich an, um mir mitzuteilen, dass ich recht hatte und mein Patenonkel heute Morgen verstorben sei.

Zwei Tage später rief ich meine Mutter an, um ihr mitzuteilen, dass schon wieder jemand gestorben sei. Sie glaubte mir nicht, da es nicht innerhalb von zwei Tagen zwei Todesfälle geben könne. Zwei Wochen verstrichen und ich habe nicht mehr daran gedacht, als mich meine Mutter erneut anrief. Sie erklärte mir mit rauer, trauriger Stimme, dass ich leider doch recht gehabt hatte. Mein Stiefvater, der mit uns leider keinen Kontakt aufrechthielt, war genau um dieses Datum herum, als ich es geträumt hatte, allein und einsam in seiner Wohnung verstorben. Er wurde dort erst zwei Wochen nach Eintreten seines Todes aufgefunden.

Eines Nachts träumte ich, dass ich an einem Zungengrundkrebs erkrankt sei. Der Traum war so real, war mir selbst so nahe, wie kein anderer Traum je zuvor. «Zungengrundkrebs» ist auch etwas, was man nicht jeden Tag hört. Ich schob diesen Traum beiseite. Einige Tage später erhielt ich einen Anruf von meiner Mutter, der ich nichts von meinem Traum erzählt hatte, da ich ja auch nicht wusste, wie ich diesen einordnen sollte. Sie teilte mir mit, dass bei ihr per Zufall ein Krebs diagnostiziert worden sei, am Zungengrund. Nun verstand ich, weshalb dieser Traum so nahe an meinem Körper haftete. Zu deiner Beruhigung, wie gesagt, ich träume Gott sei Dank auch schöne und erfreuliche Sachen vor. Wie zum Beispiel, dass meine Schwester schwanger werden würde. Zwei Monate später war die Schwangerschaft offiziell eingetreten.

Heilungen und unkontrollierte körperliche Wahrnehmungen

Ich habe eine medizinische Ausbildung und wollte von Kindesbeinen an immer Ärztin werden. Ich wurde keine Ärztin. Heute darf ich jedoch die Leute in ihrer Heilung unterstützen. Durch meinen Beruf habe ich viel mit Menschen und auch mit deren Erkrankungen zu tun. In den Jahren 2010/2011 bemerkte ich, dass sich etwas in mir verändert hatte. Meine Träume wurden weniger. Jedoch nahm ich körperlich wahr, wenn jemand krank war. Oder wenn mir mehr oder weniger nahestehende Menschen starben. Menschen, mit denen ich verbunden war, verunfallten. Ich fing an, mir die Uhrzeit zu notieren, so konnte ich überprüfen, ob meine Wahrnehmungen wirklich den Tatsachen entsprachen. Sie stimmten auf den Punkt genau.

So war ich eines Nachmittags mit meinem Sohn und einer Begleitperson auf dem Spielplatz, als ich merkte, dass ich sehr unruhig und kribbelig wurde, ohne einen Grund zu haben. Ich musste einfach nachhause. Ich sagte, dass irgendetwas geschehen sei. Ich rief meine Mutter an und fragte, ob sie etwas wisse, sie wusste jedoch von nichts. In der

Nacht erhielt ich eine SMS von meiner Schwester. Sie schrieb mir, dass mein Neffe, ihr Sohn, am Nachmittag von einem Stuhl gefallen sei und nun mit einem bedrohlichen Milzriss auf der Intensivstation lag. Nun hatte ich definitiv einen Punkt erreicht, an dem ich einmal mehr genug von all diesen Wahrnehmungen hatte. Es machte für mich keinen Sinn, weshalb ich solche Sachen wahrnahm, aber nicht wusste, um wen es sich handelte, und somit diese Menschen auch nicht frühzeitig warnen konnte. Ich schimpfte mit allem und jedem Unsichtbaren, welches dafür verantwortlich hätte sein können.

Als Reaktion erhielt ich kurze Zeit später etwas Neues: extrem heiße Hände. Sobald ich an der Arbeit war, glühten meine Hände. Die Leute, bei denen dies der Fall war, sprachen mich auf meine heißen Hände an. Ich hatte nicht bei jedem solche heißen Hände und ich dachte mir, dass es irgendwie mit meinem Stoffwechsel zusammenhängen müsse. Na ja, für die Wechseljahre war es schon ein wenig früh, aber es gibt alles, was es nicht geben sollte. Es dauert nicht lange, da erhielt ich von einigen meiner Patienten das Feedback dass, seit sie bei mir waren, diese und jene Schmerzen weg seien oder stark abgenommen hätten. So zog ich diese Leute wie ein Magnet an. Ich hatte zu dieser

Zeit engen Kontakt mit einer begnadeten Kartenlegerin, die mir schon zuvor gesagt hatte, dass auch ich mehr könne als normal sei. Wir sprachen zusammen über das Phänomen der heißen Hände und ich äußerte meine Bedenken und dass ich das nicht wolle. Weil ich Angst davor hätte, dass das meine eigene Energie sein könnte und ich dadurch nicht mehr genug Energie für mich und meine Familie haben könnte. Oder sogar deren Krankheiten in meinen Körper integrieren würde. Sie versuchte, mich soweit es ging zu beruhigen und mich aufzuklären. Was nur bedingt bei mir ankam. Einmal mehr entschied ich, dass ich auch diese Gabe nicht wollte. Hingegen wirklich großartig war, dass ich einfach wusste, was mit einer Wunde los war. Ob eine harmlos aussehende Hautveränderung umgehend zur ärztlichen Abklärung musste oder nicht. Ich erkannte Thrombosen und weißen und schwarzen Hautkrebs im Frühstadium. Bekannte und Patienten baten mich, doch bitte einmal hier und da, eben dort, wo ihre Beschwerden waren, meine Hände aufzulegen. Mit der Früherkennung die benötigte Hilfestellung geben zu können, war ja genau das, was ich mir gewünscht hatte.

Das aber mit der Heilung und meinen Händen war mir einfach zu viel. Aber das ist eben die Krux mit den Gaben. Wir stehen nicht an einem Kiosk und können sagen, das hätte ich gerne oder dies nicht und auch nicht, wie viel wir davon haben möchten. Wir kriegen das, was wir tragen können. Wir kriegen das, wofür wir bestimmt sind. Und wir kriegen das für die Zeit, in der es sein muss. Darum sind Gaben oftmals in einigen Zeiten ausgeprägter und in anderen Zeiten weniger stark. Oftmals hat man auch das Gefühl, dass einem alles wieder genommen wurde. Dass man alle Fähigkeiten verloren hat, nur um dann eventuell noch stärker zurückzukehren oder um eine ganz neue Gabe erhalten zu können.

Ich auf jeden Fall war wild entschlossen, dass ich mit den Krankheiten in dem Sinne nichts am Hut haben wolle. Ich ignorierte diese heißen Hände einfach, ignorierte die Aussagen meiner Patienten und legte auch niemandem mehr die Hände auf. Auch nicht, wenn man mich gezielt darum bat. Das ging einige Monate so weiter, bis mich meine Patienten darauf ansprachen, dass ich nun auf einmal, und sogar im Hochsommer, eiskalte Hände hätte. Dies war mir auch aufgefallen und auch, dass es mir einfach nicht gut ging. Ich konnte aber nicht genau sagen, was es war. An einem Tag war es dies und am andern Tag das. Nur etwas war jeden Tag gleichbleibend, es war, dass meine Hände nicht mehr warm wurden.

Meine Erkrankung war die Anerkennung und die Annahme meiner Gaben

An Weihnachten 2011 ging es mir zunehmend schlechter. Ich reagierte auf alles allergisch. Mir schwollen die Knie und Beine mit Wasser an. Ich erwachte total durchnässt von Nachtschweiß. Ich konnte so viel schlafen wie ich wollte und war einfach nie erholt. Ich hatte immer wieder kurze, aber hohe Fieberschübe und Erkältungen. Jeden Tag etwas anderes. Ich kam mir vor wie ein Simulant oder ein Hypochonder. Jede Handlung wurde zur Qual. Alltägliches wurde zur täglichen Meisterleistung. Oftmals hatte ich das Gefühl, als wollten mich meine Beine keinen Schritt mehr weitertragen. Ich ging zum Arzt, aber mein Blutbild war unauffällig. Man schob es auf meinen Burnout im Jahre 2010. Man sagte mir, dass ich diesen halt nicht auskuriert hätte. Was auch tatsächlich so war. Statt weniger zu tun, hatte ich noch eine Schippe draufgesetzt. «Geht nicht, gibt's nicht» war bis anhin mein Lebensmotto. Aber jetzt fühlte es sich nochmals anders an.

Sieben Monate dauerte dieser Zustand bis zur Diagnose.

In diesen Monaten war meine Seele in einem Ausnahmezustand. Ich war zwar die Jahre zuvor sensitiv und heilerisch unterwegs. Dies jedoch ohne jegliche Ausbildung, ohne jegliche Fremdeinwirkung, aber auch ohne jegliche Kenntnisse. Ich hatte noch nie einen Kurs oder ein Seminar besucht, welches ein solches Thema beinhaltete. Ebenso wenig hatte ich je ein Buch über irgendeine in diese Richtung gehende Thematik gelesen. So konnte ich mir nicht erklären oder gar verstehen, was und wie mir nun geschah. Ich wusste nicht, dass man sich geerdet oder eben ungeerdet fühlen kann. Um solche Sachen habe ich mich nie gekümmert oder mir gar darüber den Kopf zerbrochen. Wenn mir jemand so etwas erzählt hätte, hätte ich ihm akzeptierend, aber auch ein wenig kopfschüttelnd zugehört. Diese sieben Monate vor der offiziellen Diagnosestellung sagte ich oft zu meiner Familie, dass ich mich fühle, als wären mein Körper und ich nicht mehr richtig verbunden. Andrerseits fühlte es sich an, als würden meine Füße die Erde, den Untergrund nicht mehr spüren.

Kurze Zeit später, als ich das luftige Gefühl wahr- und angenommen hatte, schossen mir Erinnerungen wie Blitze in meinen Verstand. Erinnerungen aus meiner frühesten Kindheit, aus meiner Jugendzeit und so einiges, was ich bis zu diesem Zeitpunkt meines Lebens durchlebte hatte. Einiges, von dem ich dachte, dass ich es verarbeitete hätte. Vieles, welchem ich mir selbst gar nie bewusst war. Erinnerungen und Verletzungen, an die ich in keiner Weise gedacht habe. Mein Verstand, meine Seele räumte, ohne mein wissentliches und willentliches Zutun mit all den vergangenen Belastungen auf. Da kamen Nichtigkeiten ans Tageslicht, die ich mit meinem normalen Verstand niemals als wichtig erachtet hätte. Die Monate bis zur Diagnose kamen mir wie eine Ewigkeit vor.

Ich kann wirklich sagen was für ein glücklicher Mensch ich doch trotz allem aber war. Ich hatte so viele großartige Menschen an meiner Seite, ohne die ich dies nie überlebt hätte. Oftmals war es für meine Familie aber einfach zu viel zu sehen, wie diese starke, kontrollierte Frau überwältigt wurde von Erinnerungen, Emotionen und Gefühlen. Man musste es nicht verstehen, sie haben es einfach angenommen. Versucht, mich so gut wie möglich zu begleiten. Mich so gut als möglich in allem zu unterstützen. Sie haben sich stundenlang die jeweiligen Erinnerungen, die da hochkamen, angehört und mich ernst genommen. Ich erlebte das erste Mal in meinem Leben, dass man mich einfach so sein lassen konnte, wie ich war. Ich erlebte das erste Mal, dass ich mir erlaubte, angebotene Hilfe anzunehmen oder gar um Hilfe zu bitten. Was für ein wundervolles Geschenk. Ich bin ihnen unendlich dankbar. In sieben Monaten habe ich meine 38 Lebensjahre, alle Nichtigkeiten, Sachen, von denen ich überzeugt war, dass ich diese schon bereinigt hätte und dass diese mir nicht mehr anhaften oder mich seelisch belasten würden, automatisch nochmals aufgearbeitet. Ich war fix und fertig. Nicht einmal körperlich, sondern seelisch. Denn was da abging, das war ein Kraftakt. Ich, die ich meine Gefühle immer so kontrollieren wollte, hatte keine Kontrolle darüber, wann und was in diesen Blitzsituationen geschah und bearbeitet werden wollte. Klar, passierte mir dies nicht während meiner Arbeit, aber sobald ich zuhause in Sicherheit war, in meiner sicheren, ruhigen Umgebung war, setzten diese Blitze ein.

Genau das war es, was ich, im Nachhinein betrachtet, wirklich brauchte. Diese Zeit der seelischen Reinigung. Diese Reinigung war mitunter die härteste Zeit in meinem Leben. Ich würde sogar behaupten, dass diese Zeit der seelischen Reinigung härter war als die ganze Krankheitszeit. Diese Zeit war heilsam. Ich startete absolut aufgeräumt und als eine, die mit dem Erlebten abgeschlossen hatte, in die Annahme meiner Krebserkrankung.

Was für ein wertvolles Geschenk. Was für eine wundervolle Ausgangslage für den Weg der Heilung ich doch erhalten habe.

Mir wird nun gerade bewusst, es war wie ein Neustart auf einem Computer. Es war, als hätte man auf einem gebrauchten Gerät den Resetknopf oder die Formationstaste gedrückt. Und damit meine Seele gereinigt, entrümpelt, befreit und für einen Neustart des alten Gerätes vorbereitet.

Es ist unglaublich, während ich diese Zeilen niederschreibe kommen mir Dinge in den Sinn, die ich in den letzten sieben Jahren bereits vergessen habe. Es zieht mich wie eine Kraft, dies alles niederzuschreiben. Es kommen mir Sachen automatisch in den Sinn. Es scheint, als ob die geistige Welt mich steuert, die Dinge, die sie als wichtig erachtet, niederzuschreiben. Gleichzeitig merke ich aber auch, wie wichtig es ist, dass ich mich selbst wieder an all das erinnere. Während ich diese Zeilen niederschreibe, berührt es meine Seele bis in den letzten und tiefsten Punkt meines Seins. Es ist keine Traurigkeit. Es ist kein Selbstmitleid. Es ist keine Profilierung. Es ist eine tiefe Demut und unendliche Dankbarkeit für die unsichtbare Hilfe, die ich erhalten habe. Die unsichtbare Hilfe, die jeden Menschen begleitet.

Ich bin nichts Besonderes. Ich bin ein Mensch wie du. Vielleicht habe ich einfach ein anderes Talent als du. Vielleicht aber erkennst du dich in meinen Worten wieder. Während ich diese Zeilen schreibe, bin ich mir einmal mehr sicher, dass jeder Mensch diese Führung in sich hat. Es fühlt sich so an, als wolle die geistige Welt dir das unbedingt, jetzt, mitteilen!

Übrigens kannst du deine Führung nennen wie du magst, geistige Welt, Gott, Buddha, Allah, Engel, die dich führen. Hauptsache, es ist stimmig für dich. Hauptsache, du spürst und erkennst, dass du nie allein bist. Wenn du es brauchst und zulässt, werden deine unsichtbaren Begleiter alle Hebel dafür in Bewegung setzen, dass es dir gut geht. Dass du heilen kannst. Dass du glücklich wirst. Dass du vollkommen bei dir selbst sein kannst. Ich bin davon überzeugt, dass das ein Grundrecht eines jeden einzelnen Menschen auf dieser Erde ist. Leider haben wir einfach verlernt, dieses Urvertrauen gegenüber uns selbst zu haben, dieses zu fördern und zu leben. Wir entwickeln uns im Laufe des Lebens leider oftmals so, dass wir immer Hilfe, Anerkennung, Liebe, Vertrauen im Außen suchen. Alles, was du im Außen suchst, ist aber den Gezeiten der Launen der Menschen unterlegen. Der Menschen, die außen sind, die selbst ihre Individualität erkunden und leben müssen. Und du stellst deine Zerbrechlichkeit in deren Gunst. Manchen Menschen mag das zu einfach klingen. Aber eigentlich sollte dir nichts mehr wert sein als du dir selbst! Nur schon aus dem Grund, weil du niemandem dienlich sein kannst, wenn du krank wirst, unglücklich bist oder gar stirbst, nur weil du dich nicht um dich selbst gekümmert hast. Ich bin mir sehr bewusst, dass das eine der schwierigsten Lektionen in deinem Leben ist. Ich musste dies auch auf dem harten Weg lernen. Du musst es nicht lernen, wenn du nicht möchtest, aber du solltest wissen, dass es möglich ist. Dies muss auch nicht jeder Mensch lernen und leben. Aber wenn du es möchtest, dann kannst du es erreichen, so wie du jede Schulausbildung, jede Karrierestufe, das Elternsein, das Heiraten erreichen kannst. Es liegt in deiner eigenen Entscheidung, ob du das erreichen willst oder nicht. Wir Menschen haben einen freien Willen. Diesen freien Willen haben wir auch für die seelischen Aspekte. Für die Spiritualität. Für den Glauben. Glaube an irgendetwas, was auch immer du magst. Nenne es, wie auch immer du es nennen möchtest. Lebe deine Eigenheit. Lebe, wie du willst.

Darum würde ich nie sagen, dass das richtig oder falsch ist, ob du an dir arbeiten willst oder nicht. Ob du dich mit dir selbst, deiner Seele und spirituellen

Dingen auseinandersetzen willst. Oder ein materielles Leben, ein Leben im Außen bevorzugst.

Monatelang suchte ich bei den Ärzten Hilfe und eine Diagnose. Endlich fanden sie die Ursache. Ich erhielt die Krebsdiagnose genau zu meinem 38. Geburtstag. So hat dieser Tag, heute, für mich das erste Mal eine wirkliche Bedeutung erhalten. Ich war nicht geschockt, ich war erleichtert. Endlich wusste ich, dass ich recht hatte. Endlich hatte mein Zustand einen Namen und ich wusste, dass nun die Heilung beginnen kann. Glaube mir, es gibt nichts Schlimmeres, als wenn man weiß, dass etwas da ist, und es einem einfach nicht gut geht, aber man nicht weiß, was es ist.

Urplötzlich begann ich, mich damit zu beschäftigen, ob ich wirklich das ganze Prozedere zu durchlaufen hätte oder ob es irgendwie eine Chance gab, dass ich mich selbst wieder heilen könnte. Ich sprach meinen Arzt darauf an und er sagte mir, dass es in seiner ganzen Laufbahn nur eine alte Dame gab, die es geschafft hatte, dass der Tumor sich auf unerklärliche Weise, wie von Zauberhand, selbst zurückbildete. Ich horchte in mich und ich merkte, dass ich von meinem ganzen Wesen her ohne Chemotherapie nicht heilen würde. Das mag vielleicht befremdlich klingen, aber ich hatte

Lymphdrüsenkrebs. Lymphdrüsenkrebs ist wie Leukämie, er kann überall in deinem System sein. Er ist in deinem ganzen Körper. Meine T-Zellen, ein Teil meines eigenen Immunsystem, waren mutiert. Rein von meinem Naturell her hätte ich mir, ohne Chemotherapie, immer wieder Gedanken gemacht, wo es vielleicht noch irgendeine krankhafte Zelle in meinem Körper gab. An dieser Stelle der Erkenntnis angekommen, war für mich von Anfang an klar, dass ich eine Chemotherapie machen würde. Einmal in diesem Rad der Medizin angekommen, ist man wie in einem Hamsterrad. Das Hamsterrad, welches sich immer schneller und schneller dreht, und man das Gefühl hat, dass man gar nicht so schnell denken, verarbeiten, entscheiden und schon gar nicht aussteigen kann.

Meine damalige Onkologin schaute mich sehr speziell an, als ich ihr, kaum in ihrem Sprechstundenzimmer angekommen, als Allererstes sagte, dass ich von ihr erwarte, dass sie mir nun sage, wie meine Chancen stehen. Sie mich nicht schonen solle, denn das würde mir nichts bringen. Sie solle mir ganz klar sagen, wenn ich mit der Chemotherapie nur meine verbleibende Zeit hinauszögern würde. Ich hätte kein Problem, mit der Wahrheit umzugehen. Aber wenn die Prognose schlecht sei, für mich ganz klar wäre, dass ich dann diese mir verbleibende Zeit ganz gezielt mit meiner Familie genießen und verleben wolle, anstatt meinen Körper zusätzlich zu schwächen und wertvolle Zeit zu verlieren. Zeit, die ich lieber mit Genießen, anstatt mit sinnlosem Kämpfen verbringen würde. Meine Ärztin teilte mir mit, dass sie das nicht beantworten könne, da ich einen Krebstyp hatte, den man so noch gar nicht kannte. Ich war offiziell der 34. Fall weltweit. Man erstellte für mich ein Programm, das man an dasjenige zur Therapie eines sehr ähnlichen und ebenfalls sehr seltenen Krebstyps anlehnte, welcher aber nur bei älteren Männern und kleinen Buben vorkommt. Ich hatte genau den gleichen Lymphdrüsenkrebs, aber eben nicht als Mann und nicht mit der gängigen Lokalisation. So fehlten uns alle Referenzangaben für die Therapie und für den Verlauf dieser Krankheit. Später erhielt dann der Krebs, an welchem ich erkrankte, eine eigene Bezeichnung. Nun sind es leider bereits offiziell weltweit mehr als 400 Frauen, die daran erkrankt sind. Heute weiß man nun viel mehr über diesen Krebstyp und seine Behandlung.

Meine Ärztin sagte mir, dass ich sicher sechs bis acht Chemozyklen durchlaufen müsse. Dann würde mit Strahlenbehandlung eingesetzt und zu guter Letzt müsse ich noch in die Universitätsklinik und mich einer Knochenmarktransplantation unterziehen. Sie erklärte mir, wie deren Ablauf wäre. Sie erklärte mir, wie lange ich im Isolierzelt liegen werde. Eine Stimme in mir rief, während ich den Worten meiner Ärztin lauschte: «Sag ihr, dass du das niemals machen wirst, denn das wirst du nicht überleben!» Die Stimme kam immer lauter und immer kraftvoller. So unterbrach ich die Erläuterung meiner Ärztin und teilte ihr unverblümt mit, dass ich das niemals machen werde, weil ich wisse, dass ich dort sterben werde. Ich möchte nicht alle Ärzte in einen Topf werfen, denn ich habe mittlerweile wunderbare Ärzte gefunden, welche mich als Patientin ernst- und wahrnehmen, aber es gibt sehr viele Ärzte, die mit solchen Patienten wie mir schlichtweg überfordert sind. So schaute mich auch meine damalige Ärztin an, wohlahnend, dass sie mit mir künftig noch einen schweren Stand haben würde. Wer weiß, vielleicht hatte auch sie einen sechsten Sinn, denn sie würde recht behalten. Auch meine Begleitperson konnte sie sich nicht zu Hilfe nehmen, denn meine Familie akzeptierte jede meiner Entscheidungen bedingungslos. Dafür liebe ich sie noch immer.

Liebe Nahestehende brachten mich mit verschiedenen Heilern in Kontakt. So erfuhr ich am eigenen Körper, dass es Menschen gibt, die ihre Gabe mit Hingabe öffentlich ausüben. Ich lernte, dass nicht jeder Heiler zu jedem Hilfesuchenden passt. Zu einigen hat sich eine schöne Freundschaft ergeben. Keiner hat mir je ein falsches Versprechen gegeben oder gar Heilung versprochen! Die meisten haben mich darüber informiert, dass ich diese Kräfte selbst in mir trage und ich diese genauso nutzen solle, wie sie es tun. Ich erkannte, dass ich mir bislang nie wirklich Zeit für mich und meine Seele genommen habe. Klar, bin ich ausgegangen. Klar, machte ich regelmäßig Sport. Klar, habe ich dieses und jenes gemacht.

Aber ich habe nichts für meine Seele getan. Ich buchte einen Kurs in Achtsamkeit. Ich kam weinend nachhause. Ich war geschockt, dass ich a) viel Geld dafür bezahlen musste und b) zuerst krank werden musste, um mir bewusst zu werden, wie sich eigentlich meine Füße auf dem Boden, beim Gehen anfühlen. Das Natürlichste auf der Welt interessierte, kümmerte mich vorher nie. Jeden Tag erbringen wir, unser Körper, eine Hochleistung und wir Menschen reklamieren nur, wenn etwas schmerzt oder nicht mehr funktioniert, so wie wir es gerne hätten. Wir sind selten dankbar, aber sehr oft undankbar und dies unserem eigenen Körper gegenüber! Würden wir aber lernen, unsere Seele wahrzunehmen und auch auf diese zu hören, dann müsste sich der Körper nicht bemerkbar machen. Indem er schmerzt, versagt oder gar krank werden muss, nur damit wir die Handbremse ziehen und uns endlich die Zeit nehmen, uns ehrlich einzugestehen, dass wir gegen unsere Seele leben. Das ist eben die Krux mit uns materiellen Menschen. Die Seele ist für uns nicht fassbar, unser materieller Körper hingegen schon. Wir hegen und pflegen unseren Körper oder zumindest die meisten von uns. Die Seele hingegen pflegen die wenigsten. So betrachtet, hat die Seele oftmals nur den einen Weg, sich bemerkbar zu machen, nämlich indem sie unseren Körper beauftragt, uns die, unsere eigenen, Grenzen aufzuzeigen.

Weg der Heilung

Ich hatte beste Laune und einen sagenhaften Humor, was die wenigen Menschen, die wussten, was mir bevorstand, fast ein wenig befremdete. Ich war wirklich guter Dinge und sehr optimistisch, wie dir folgende kleine Anekdote zeigen wird.

Nach der ersten Biopsie, aufgrund derer die Diagnose erstellt werden konnte, wurde ich erneut operiert, alles wurde entfernt, was entfernt werden musste. Ich bin meinem Frauenarzt heute noch sehr dankbar, dass er sich meiner so angenommen hat. Er hatte mich operiert und so lag ich auf der Frauenklinikabteilung. Die Operation dauerte lange und war auch für meinen routinierten Frauenarzt eine solche erste Operation. Weil der dazu benötigte zweite Operateur am Samstagnachmittag in die Ferien flog, die Operation jedoch eilte, wurde ich als Notfall an einem Samstagmorgen operiert. Normalerweise erfolgen geplante Operationen in unserem Krankenhaus nicht an einem Samstag, da man die Operationssäle für die Notfalle offenhält. Als ich nach der Operation erwachte, stand eine ältere Schwester an meinem Bett. Ich war bereits wieder auf der Frauenstation. Sie stand mit tadelndem Blick und Tonfall an meinem Bett. Schlug die Bettdecke weg und entfernte mir die Infusion mit dem Schmerzmittel. Ich sah sie sehr erstaunt an und fragte, was sie denn mache? Sie sagte freundlich, aber barsch; «So, Frau Soso, nun reicht es. Es ist Zeit, Ihr Sohn möchte Sie sehen.» Ich fragte ganz erstaunt, ob er denn da sei? Die Schwester sah mich ganz komisch an und sagte lapidar: «Na klar, was denken Sie sich denn?» Ich sagte und dachte nichts mehr. Sie richtete das Bett auf und sagte zackig: «So, nun kommen Sie aber langsam in die Gänge. Man könnte ja meinen, Sie seien todkrank!» Meine Zimmernachbarin, die die ganze Szenerie mitverfolgte und wusste, weshalb ich operiert worden war, fiel fast aus dem Bett, als sie diesen Satz aus dem Munde der älteren Schwester hörte. Ich hörte sie raunen und ein «Aber hallo» krächzen. Die Krankenschwester bemerkte dies und fragte mich: «Sie haben doch geboren oder weswegen liegen Sie sonst hier?» Ich verstand den Irrtum und für mich war das so etwas von befreiend, wie sie mit mir umgegangen war, dass ich nur noch lachend im Bett saß. Recht hatte sie ja. Ich fühlte mich ja nicht, als wäre ich todkrank. Weshalb sollte man mich dann auch so behandeln? Ich bin dieser Schwester noch heute so dankbar, denn ihr Verhalten hat ganz viel in mir bewirkt. Positives! Hätte man mich entsprechend dem behandelt, weswegen ich wirklich dort in diesem Bett lag, wäre ich sehr wahrscheinlich nicht so schnell wieder auf die Beine gekommen. Als ich meinen Lachanfall kontrollieren konnte, sagte ich der Schwester, weshalb ich dort lag. Diese wäre am liebsten im Erdboden versunken und es war ihr sehr peinlich. Sie entschuldigte sich mehrere Male und schaute das erste Mal in mein Aktenblatt am Fußende meines Bettes.

Später, eines Nachts, als ich nicht schlafen konnte, lief ich auf dem Korridor des Krankenhauses umher. Es zog mich an eines der Fenster. Ich schaute zum Sternenhimmel auf und hing meinen Gedanken nach. Meine Aufmerksamkeit glitt zu einem Fenster des gegenüberliegenden Nachbarhauses, einem Altenheim. Die Häuser stehen sehr nahe zusammen. An dem gegenüberliegendem Fenster stand ein alter Mann, sich an seinem Rollator abstützend und ebenfalls den Sternenhimmel betrachtend. Er sah krank und schwach aus. Es schien mir wie eine Ironie des Schicksals. Zwei Menschen, der eine auf den Tod wartend und der andere mit dem Tod konfrontiert. Der eine alt und der andere noch in der Blüte seines Lebens. Der eine wissend, dass er dort nie mehr lebend ausziehen würde, und der andere, der nicht wusste, was ihn erwarten würde, wenn er entlassen wird. Zwei Menschen, die gleiche Handlung, derselbe Zeitpunkt und jeder mit seinen eigenen Gedanken um sein eigenes Schicksal. Es rührte mich sehr.

Ich vergesse nie mehr den ersten Tag meiner Chemotherapie. Ich zitterte am ganzen Leib, als ich in den kleinen Raum geführt wurde. Ich fühlte mich, also ob ich auf die Schlachtbank geführt werden würde. Die Schwester ging und mixte den Cocktail zusammen. Sie kam in ihre Schutzvorkehrungen gekleidet zu mir zurück. Verabreichte mir diese Infusion und ging. So habe ich dies nie mehr erlebt, das war nur das erste Mal so. Und ich muss sagen, dass die Onkoschwestern alle sehr lieb waren und einen großartigen Job leisten. Nur war sich die Schwester offenbar nicht bewusst, was dieses erste Mal für mich hieß, und wie ich mich gerade in diesem Moment fühlte. Ich war nahe an einem Nervenzusammenbruch. Durch ihre Schutzkleidung, welche sie noch immer anhatte, wurde mir erst richtig bewusst, was das für starke Substanzen sein mussten, welche da nun Tropfen für Tropfen in meine Vene flossen.

Ich fühlte mich so allein, einsam und verlassen. Total überfordert, hyperventilierend, überlegte ich mir, diesen Schlauch aus meiner Vene zu ziehen und davonzurennen. Ich betete um Hilfe und allmählich wurde ich ruhiger. Ich entspannte mich. Schaute den fallenden Tropfen zu und wusste urplötzlich, dass genau jetzt meine gesamte Einstellung und mein Verhalten wichtiger denn je sein würden. Ich wusste wirklich nicht, wie mir geschah, aber ich fing an, mich selbst zu hypnotisieren. Bei jedem fallenden Tropfen sagte ich mir, dass genau dieser Tropfen nichts anderes in meinem Körper zerstören wird, als das, was er muss. Ich bedankte mich bei jedem fallenden Tropfen, dass er mir bei meiner Heilung behilflich ist. Dies drei bis vier Stunden lang.

Die Schwester kam einige Male, um zu fragen, ob ich etwas brauche und schaute, ob ich genug trinken würde. Sie war erstaunt, wie entspannt, ruhig und absolut gelassen ich nun in meinem Stuhl saß. Ich wusste nicht, dass ich ein I-Pad oder Buch hätte mitnehmen sollen. So weit hatte ich nicht gedacht oder hatte vergessen, dass man mir das sagte. Wie auch immer, bei diesem ersten Mal brauchte ich es gar nicht. Denn ich brauchte genau diese Situation, so wie sie war. Egal wie schlimm sie anfänglich auch gewesen sein mag. Ich habe in dieser Situation das gelernt, was ich jedem Menschen sage, den ich durch eine Chemotherapie begleite. Es steht und fällt mit deiner Einstellung, wie man die

Chemo verträgt und wie schnell die Heilung einsetzt oder die starken Medikamente einen beeinträchtigen. Leider wurde ich von niemandem zuvor so aufgeklärt. Bis mein geistiges Team in die Bresche sprang, weil es merkte, dass ich seelisch an einer gefährlichen Grenze angekommen war. Was im Nachhinein auch Sinn macht, denn hätte man mich vorher informiert oder angeleitet, hätte ich eventuell dieses starke Gefühl des Geführtwerdens nicht so schnell und nicht so stark bemerkt. Dies sollte aber erst der Anfang meines Geführtwerdens sein.

Bewusstes Erwachen

Das erste Mal in meinem Leben hatte ich einfach nur Zeit für mich. Ich durfte nicht mehr arbeiten und es machte mir nicht einmal mehr etwas aus.

Ich hatte keine Existenzängste wie all die Jahre als Selbständigerwerbende mehr. Ich musste nichts tun. Ich fühlte mich so gut wie schon sehr, sehr lange nicht mehr. Die Chemotherapie vertrug ich sehr gut. Meine Blutwerte waren top und das Resultat der Knochenmarkprobe auch. Ich schlief viel. Ich machte gerade nur das, was ich wollte. Ich hatte das große Glück, dass mir dies meine Familie erlaubte und vor allem ermöglichen konnte. Ich war einfach glücklich, so schräg das vielleicht für dich klingen mag. Es war die glücklichste Zeit in meinem bisherigen Leben.

Ich hatte endlich einmal wieder Zeit zu lesen und ich verschlang Bücher wie nie zuvor. Ich musste nun ja auch nicht mehr versteckt unter meiner Bettdecke lesen wie in Kinderzeiten. Ich las die Bücher von Louise Hay und probierte alles aus. Ich begann, mich in Reiki auszubilden. Meine Reiki-Meisterin sagte mir, dass sie noch nie jemanden hatte, die so warme und kraftvolle Hände hätte wie ich.

Und wirklich, genau in diesem Moment glühten meine Hände wieder wie schon einige Monate zuvor.

Ich suchte geführte Meditationen, um mit deren Hilfe meinen Körper schneller vom Krebs zu heilen. Ich war schockiert, was ich da alles gefunden habe. Das waren die reinsten Kriegsszenarien in geführter Meditation, ich konnte mir dies nicht anhören. Ich war doch nicht mit meinem und gegen meinen eigenen Körper auf dem Schlachtfeld! So etwas können nur Menschen produzieren, die noch nie selbst durch eine solche Erkrankung hindurchgegangen sind. So kann man, oder zumindest ich, nicht heil werden. Ich rief Hypnosetherapeuten an, aber keiner konnte mich dort abholen, wo ich stand. Zu keinem hat es mich hingezogen. So beschloss ich kurzerhand, mich selbst als Hypnosetherapeutin ausbilden zu lassen.

Ich absolvierte im kommenden Jahr meine einjährige Hypnosetherapeutenausbildung. Ich hatte von Beginn an nie das Gefühl, dass ich den Krebs bekämpfen oder besiegen sollte. Es war wie es war und ich erkannte, weshalb ich ihn hatte. Ich hatte jahrelang absoluten Raubbau mit meiner Seele und meinem Körper betrieben. Geht nicht, gab es nicht und es ging immer so lange, bis mein Blut am

Kochen, kurz vor dem Überschäumen war. Jegliche Anzeichen von Schwäche, von Krankheit und sogar den Burn-out habe ich ignoriert, bekämpft und besiegt. Um dann die geballte Ladung zu erhalten: Krebs. Weshalb sollte ich nun erneut denselben Fehler begehen? Ich fing an zu meditieren. Ich verlor mich in stundenlangen Tagträumen und ertappte mich oft, wie ich einfach stundenlang in die Leere schaute. In einer solchen leeren Stunde hörte ich auf einmal diese mir nun bekannte innere Stimme wieder. Die, welche ich erstmals bei der Erstbesprechung mit meiner Onkologin hörte. Die, die mir sagte, dass ich die Knochenmarktransplantation nicht machen soll. Ich hörte ganz deutlich, wie sie mir sagte: «Du hast alles erreicht in deinem Leben. Du weißt, dass es deinem Sohn gut gehen wird. So, wie dein Leben zuvor war, wirst du nicht mehr leben können. Ich weiß, dass du bereit sein würdest zu sterben.» Aber ich frage dich jetzt: «Willst du sterben oder willst du das Leben führen, für welches du wirklich auf die Erde gekommen bist?»

Ich war nicht geschockt. Ich war total gelassen und entspannt. Ich musste einen kurzen Moment überlegen – will ich nun sterben? So blöd es für dich vielleicht klingen mag, aber ich musste mir wirklich einen kurzen Moment Zeit nehmen, mir meiner

Antwort ganz ehrlich bewusst zu werden. Ich hatte bereits so vieles erlebt, erreicht und auch durchgemacht. Ich war glücklich und ich wusste, dass das, was ich mein Leben nennen konnte, mehr war, als das, was einige Menschen jemals erleben werden. Ohne Druck, ohne Überlebenskampftrieb, ohne Zwang, ohne an meine Familie – welche ich wirklich von ganzem Herzen liebe – zu denken, fällte ich meine Entscheidung aus reinem Herzen. Rein, absolut ehrlich, nur für mich ganz allein. Ja, ich will leben, indem ich das annehme, wofür ich auf die Erde gekommen bin.

Nun fragst du dich vielleicht, ob ich auf meine gefällte Entscheidung eine Antwort oder eine Reaktion erhalten habe. Nein, ich erhielt darauf keine Antwort mehr. Aber ich wusste und spürte, nun ist es besiegelt. Ich werde nicht sterben. Erst später wurde ich mir bewusst, dass ich nicht einmal wusste, worauf ich mich nun eingelassen hatte. Ich wusste ja nicht, was das ist, was ich nun leben soll. Verdammt, was habe ich mir damit nun wohl wieder eingebrockt! Wieder einmal typisch ich, den Vertrag unterschreiben, ohne die Klauseln genau durchzulesen.

Führung

Diese Stimme, die ich ja nun bereits kannte, war ohne Vorwarnung da. Meist teilte sie mir mit, was meine Onkologin mir am kommenden Termin mitteilen würde, und wie ich mich zu verhalten und zu entscheiden hatte. Meine Begleitperson, die mich unbeirrt an jeden Termin begleitete, glaubte mir nicht recht, als ich von dem erzählte, was mir durch diese innere Stimme gesagt wurde. Aber nachdem sich meine Aussage wortgleich mit der einige Tage später gemachten Aussage meiner Ärztin deckte, wurde es nie mehr angezweifelt. Es wurde auch von meiner Familie zu hundert Prozent als wahr und hilfreich angenommen. Die Stimme war mir aber auch in anderen Situationen eine Hilfe. Eine ganz bestimmte Begebenheit empfinde ich als wunderschön.

Ich hatte einigen Kindern versprochen, mit ihnen auf den See zu gehen, in einem Gummiboot. Ich habe dafür extra eines online bestellt. Einen Tag bevor dieser Ausflug stattfinden sollte, erreichte mich das heiß ersehnte Paket. Einmal mehr habe ich die Lunte gerochen und habe das Gummiboot am Abend ausgepackt, um so festzustellen, dass das wichtigste Teil fehlte: der Verschluss des Luftventils. Es war nun Samstagabend, somit hatte ich keine Chance mehr, noch irgendeinen Ersatz zu kaufen. Ich saß auf dem Balkon und dachte traurig an die Enttäuschung der Kinder morgen, wenn ich ihnen mitteilen muss, dass unser Bootsausflug ins Wasser fällt. Ich beschäftigte mich mit etwas anderem, als ich die Stimme wieder hörte. Sie sagte immer und immer wieder nur das Wort «Weinkorken». Ich, gar nicht verstehend, was das sollte, fragte mich, was ich nun mit einem Weinkorken machen soll. Die Stimme blieb unbeirrt, «Weinkorken». Ich brauchte einige Zeit, bis der Groschen fiel. Ich rannte in die Küche und suchte eine Weinflasche, zog den Weinkorken heraus und rannte zurück zum Gummiboot. Der Korken passte haargenau in das Luftventil, bei welchem der luftschließende Deckel fehlte. Das Boot war lange Zeit mit diesem Korken im Einsatz. Die Lösung war einfach perfekt, die Kinder glücklich und zufrieden. Den Wein musste ich leider ausschütten, da ich durch die Behandlung keinen Alkohol mehr trank.

Nach der zweiten Chemo teilte mir die Stimme mit, dass ich nun die Therapie abrechen solle. Dass ich keine weitere mehr brauchen würde. Dass jede weitere Chemo mich nur schädigen und unnötig schwächen werde. Super, nun hatte ich den

Schlamassel. Ich fühlte mich ja sehr gut und zudem hatte ich schon jegliche Körperbehaarung verloren, also kam es jetzt auch nicht mehr darauf an, oder? Wie würdest du in solch einer Situation reagieren?

Der Termin für die dritte Chemotherapie stand an. Und obwohl ich mich super fühlte, waren die Blutwerte, die jedes Mal vor dem jeweiligen Chemozyklus genommen wurden, im Keller. So schickten sie mich wieder nachhause. Die Therapie musste verschoben werden. Ich drehte am Rad. Wusste einfach nicht, was ich nun machen sollte. Eine Woche später saßen wir wieder bei der Onkologin und besprachen die nun dritte bevorstehende Chemo. Ich teilte meiner Ärztin mit, dass ich eigentlich der Ansicht sei, dass ich nun aufhören könne. Dass es reiche und ich nicht mehr brauche. Sie war außer sich und sagte mir, dass ich verantwortungslos sei, dass ich nicht an meinen Sohn und an die Menschen denke, die mich liebten. Sie hatte kurz die Nerven verloren. Normalerweise wäre ich jetzt diejenige gewesen, die nun ebenfalls die Nerven verloren hätte. Meine Begleitperson rechnete bereits mit dem Schlimmsten. Ich jedoch hat eine große Ruhe in mir, als ich ihr sagte, dass ich nicht verstehe, weshalb sie sich nun so aufrege. Sie sei doch schließlich die Ärztin und nicht die Krebspatientin. Dass, wenn Patienten sich so verhalten, dies verständlich sei, aber von meiner Ärztin erwarte ich nicht so ein Verhalten. Sie hatte sich schnell wieder unter Kontrolle und meinte, es sei mir freigestellt, nun zu gehen oder die Chemo zu machen. Ich entschied mich, die Chemo durchzuführen, um mir noch ein wenig Zeit zu verschaffen. Sie wollte halt einfach nur das Beste für mich. Das Beste für mich aus der Perspektive als Ärztin. Ich sagte der Ärztin, dass ich mir noch eine unabhängige Zweitmeinung einholen werde. Denn es waren insgesamt drei Ärzte aus verschiedenen Spitälern mit eingebunden. Gemeinsam haben sie für mich meine Behandlung festgelegt. Gesprochen hatte ich aber nie mit einem der zwei anderen Ärzte. Und nun wolle ich mich anderweitig selbst noch erkundigen und so zog ich von dannen zum Empfang des dritten Zyklus.

Es kam, wie es kommen musste. Dieser Zyklus hat mir alle meine Schleimhäute aufgelöst, ich hatte eine klaffende Wunde innerhalb meiner Lippen und jedes Mal, wenn ich meinen Mund bewegte, blieb ich mit meinen Zähnen darin hängen. Es war so schmerzhaft. Ich konnte nichts mehr essen. Ich vermied jedes Wort und jegliche Bewegung meines Mundes. Was mir meine Schleimhäute im Darm dafür umso mehr dankten. Meine Werte waren so schlecht, dass ich mir zuhause eine Spritze setzen musste. Eine subkutane Spritze, welche im Knochenmark die Bildung der Zellen anregte. Ich konnte mir bis zu diesem Tag nicht vorstellen, dass Knochen so sehr, geschweige denn überhaupt schmerzen können. Es waren nebst der Knochenmarkpunktion, welche ich ohne örtliche Betäubung über mich ergehen lassen musste, die schlimmsten Schmerzen, die ich überhaupt kenne. Wenn ich aus dem Bett wollte, musste ich meine Beine einzeln herausheben, weil ich, wenn ich dies mit Muskelkraft bewerkstelligen wollte, einen solchen Schmerz erfuhr, als würden durch die Bewegung meine Knochen zerbersten.

Als Erstes suchte ich eine alternative Heilkundeklinik auf. Dort sagte man mir, dass es in meinem Fall keine alternative Methode gebe, und auch sie nur eine chemische Behandlung in Betracht ziehen würden. Der nächste Arzt, den ich konsultierte, sagte mir, dass ich noch eine vierte Chemo machen solle, denn dann wären meine Chancen gut, längere Zeit an keinem Rezidiv zu erleiden. Sollte ich aber rückfällig werden, würde ich sowieso ein besseres Medikament erhalten. Eines, welches viel weniger aggressiv sei, in der Schweiz aber nur zur Behandlung eines Rezidives bezahlt werde. Ich war sprachlos.

Nun wusste ich erst recht nicht mehr, was ich machen sollte. Ich entschied, den vierten Zyklus auch noch zu machen, danach aber aufzuhören. Dessen ganz sicher war ich mir innerlich aber immer noch nicht. Die Stimme war verstummt. Ich sagte zu der Stimme, dass ich nun sowieso mehr Beweise brauche, damit ich mir total sicher sein konnte, was nun der richtige Weg sei, schließlich sei es ja mein Leben, da solle sie sich doch bitte etwas einfallen lassen. Die darauffolgenden Tage kam nichts. Am Tag vor der kommenden weiteren Infusion legte ich mich schlafen. Ich erwachte in den frühen Morgenstunden mit unglaublichen Schmerzen im Herzen. Diese ließen einfach nicht nach. Ich wusste nicht, ob ich einen Herzinfarkt erleide, oder was diese Schmerzen waren. Wie gerädert, aber ohne Schmerzen, erschien ich in der Klinik. Als ich der Ärztin von diesen erlittenen Schmerzen berichtete, setzte sie sofort alle Hebel in Bewegung, damit ich umgehend abgeklärt werden konnte, und überwies mich sofort an die Herzspezialisten. Dort war keine Schädigung des Herzens ersichtlich. Man beschloss aber, bei dieser Infusion das Mittel, welches bekanntlich die größte Einwirkung auf das Herz hatte, wegzulassen.

So kam ich vier Stunden zu spät zu meiner Infusion. Normalerweise war ich immer allein in einem

Raum. Doch heute landete ich in einem Zimmer, in dem bereits zwei ältere Männer saßen. Dadurch, dass ich zu wenig Schlaf gehabt hatte, war ich fix und fertig. Der Mann, der mir genau gegenüber saß, war sehr laut und posaunte immer wieder etwas über seinen sehr speziellen Krebs. Ich konnte ihn fast nicht mehr ertragen. Am liebsten hätte ich ihm ein Taschentuch in den Mund gestopft. Ich wollte doch nur meine Ruhe haben.

Irgendwann war ich so entnervt, dass ich ihn ganz gehässig fragte, was er für einen so seltenen und speziellen Krebs er denn habe. Er sagte mir den Namen. Ich musste nochmals nachfragen. Ich traute meinen Ohren nicht. Er hatte genau denselben Typ, an welchem auch ich litt. Ich drehte mich dem Mann, der links neben mir saß, zu. Fragte ihn, was er denn hätte, und er erwiderte, dass er genau denselben Krebstyp habe, wie der Mann dort drüben. Ich war sprachlos, das konnte kein Zufall sein! So ein seltener Typ und ich sitze in einem Raum, in welchem alle drei Personen den gleichen Krebs haben! Da hörte ich die Stimme wieder. Sie sagte mir: «Schau die beiden an. Sie haben Haare, du nicht.» Ich wusste ja nun, dass es noch ein anderes Mittel zur Rezidiv-Behandlung gab und dass dieses nicht so schädlich war wie meines. Auch wusste ich, dass bei diesem Medikament die Haare nicht ausgehen würden. So fragte ich unverblümt den lauten Mann, ob er ein Rezidiv erlitten habe. Er bejahte dies. Der Mann neben mir sagte, dass auch er einen Rückfall erlitten habe. Beide nahmen nun das Mittel, welches ich im Falle eines Rezidives erhalten würde. Nun war ich voll da, mein Adrenalin schoss mit der einfließenden Chemotherapie in meinen Blutbahnen um die Wette.

Ich fragte den Lauten, was er denn als Erstes für eine Chemo erhalten habe und was er alles gemacht habe. Er sagte mir, dass er alle acht Zyklen meiner jetzigen Chemotherapie durchlaufen habe. Die gesamte Strahlentherapie und noch zusätzlich die Knochenmarktransplantation gemacht habe. Also das volle Programm, welches die Ärzte auch für mich planten. Er erzählte, dass es die Hölle gewesen sei. Ich fragte ihn, wie lange er sauber war. Ich erfuhr, dass dies nur etwas mehr als vier Monate der Fall war. Erneut war ich sprachlos, aber auch schockiert. Dann bat ich den Mann zu meiner Linken, mir zu erzählen, was er alles gemacht habe. Er erzählte mir, dass er nach der sechsten Chemo abgebrochen habe und für mehr als fünf Jahre sauber war. Ich überlegte keine Sekunde mehr. Mir war klar, weniger ist mehr! Ich läutete umgehend der Schwester. Ich teilte ihr mit, dass dies meine letzte Chemo war, und dass sie bitte alle meine weiteren, bereits vereinbarten Termine streichen soll. Ebenfalls solle sie bitte zur Ärztin gehen und ihr sagen, dass ich nun meine Entscheidung unumgänglich getroffen habe. Ich war zutiefst beeindruckt, was sich meine Freunde aus der geistigen Welt alles einfallen lassen haben, nur um mir solch klare und deutliche Beweise zu liefern. Eine Welle der Danksprechung ergoss sich in Richtung Universum. Ich zweifelte und bereute keine Sekunde in meinem weiteren Leben, diese Entscheidung getroffen zu haben. Es war total stimmig.

Nicht mehr zuhause in dieser Welt

Ich bin mir nicht mehr sicher, wann es ganz genau angefangen hat, aber es war während der Therapiezyklen. Dass ich nachts das Gefühl bekam, als zerrte etwas oder jemand an mir. Das Gefühl, als senke sich die Bettdecke und die Matratze unter der Last des Hinsetzens eines Menschen, am leeren Rand der Matratze, auf der ich lag. Eines Nachts, als ich dieses Zerren einmal mehr ignorierte, spürte ich, wie sich jemand auf meine Beine setzte. Angsterfüllt und panikartig schrie ich auf. Ich schrie, man solle verschwinden und mich in Ruhe lassen. Heute muss ich darüber lachen, aber dazumal war das so unheimlich und angsterfüllend. Ich rief eine Frau an, von welcher ich nun mittlerweile wusste, dass sie so arbeitete und fragte sie, ob das möglich sein könnte. Sie bejahte mir dies und erklärte mir auch, dass es Seelen gebe, die jetzt die Gelegenheit nützen würden, um in Kontakt zu kommen. Ich würde nun ein anderes Licht aussenden und diese Seelen würden nun davon angezogen.

Da mich das aber derart ängstigte und ich dies sowieso nicht wollte, gab sie mir Tipps, wie ich diese wieder wegsenden und mich schützen könnte. Die Tipps waren extrem aufwendig und sehr anstrengend, aber in der damaligen Situation haben sie mir geholfen. Es kehrte Ruhe ein. Später hatte ich solche Begegnungen oder Wahrnehmungen von Energien, die ich nicht als angenehm empfand, auch tagsüber. Ich fand meine eigene Art und Weise, wie ich mich sofort «schützen» konnte. Ich persönlich empfinde das Wort «schützen» nicht als richtig und die kommenden Jahre habe ich mich nie vor oder während der medialen Arbeit mit einem Schutzritual «schützen» müssen. Ich bin davon überzeugt, dass, wenn man richtig ausgebildet ist, dies auch nie der Fall sein wird. Aber ich bin da vom Regen in die Traufe gekommen. Es war auch bereits von Kindesbeinen an genau das Thema, welches mich so ängstigte. Wieso sollte es mich nun, sowieso geschwächt, nicht noch mehr ängstigen? Dazumal war ich überfordert, doch heute weiß ich, wie ich meine Wahrnehmungen ein- und ausschalten kann.

Ich las immer mehr über solche Themen und immer mehr fing ich an zu verstehen. Mich zu verstehen, aber auch, dass es mehr gab, als ich mir je zugestehen wollte. Obwohl ich es ja bereits wusste. Du kennst sicher dieses Gefühl, wenn der Kopf und der Verstand einfach nicht wahrhaben wollen, was du bereits fühlst und weißt. Genau so war das bei mir. Ich hatte seit meiner Kindheit immer wieder gehört, dass ich doch ein wenig spinne, und wollte nun nicht noch als total verrückt abgestempelt werden.

Es war ein wunderschöner, warmer und sonniger Tag, als ich auf dem Balkon in meiner Liege lag und irgendwie ganz entspannt in den luftleeren Raum starrte, als ich mir auf einmal bewusst wurde, dass die Luft wie elektrisch geladen schien. Du kennst sicherlich das Bild, wenn der Asphalt von der Sonne aufgeladen und aufgeheizt ist. Die Luft oberhalb des Bodens ist verschwommen und flackert. So würde ich es dir nun erklären wollen. Nur dass es in diesem Flackern noch funkelte. Es sah aus, als ob die Luft mit Abertausenden von kleinen, funkelnden Regentröpfchen geschwängert wäre. Das passierte mir dann immer häufiger, auch wenn ich nicht total relaxt herumlag. So fragte ich eines Tages eine anwesende Person, ob sie dieses Funkeln auch sehe, und sie verneinte es. Es kam mir in den Sinn, dass ich und meine Schwester früher in der Kindheit während langer Autofahrten ein Spiel machte. Wir starrten ganz lange auf das stoffbekleidete Innendach unseres Autos. Mit der Zeit war es dann, als senke sich dieses Dach. Wenn wir versuchten, das Dach dort zu berühren, wo wir es nun sahen, war es, als würden wir in Schichten eintauchen, die man eigentlich nicht sah. Bis man dann merkte, dass das wirkliche Autodach tiefer unten lag. Genauso in der Art war das Bild, dass ich nun von der Luft wahrnahm. Wenn du dies mit dem Autodachfokussieren als Kind nicht auch bereits als Abhilfe bei Langeweile auf Autofahrten gemacht hast, so probiere es doch einfach einmal aus. Es braucht etwas Übung, aber du wirst sehen, dass es wirklich funktioniert.

Ich staunte nicht schlecht und es amüsierte mich sehr, als ich genau dieses energiefunkelnde Luftbild in einem Kinofilm der Schlümpfe sah. Nun konnte ich den Menschen sagen, sieh da, genau so sehe ich die Energie in der Luft.

Ich lag nicht die ganze Zeit herum, aber nur wenige Menschen wussten überhaupt von meiner Erkrankung. Nicht wenige staunten nicht schlecht, wenn sie mich auf der Straße sahen. Seit Jahren kannte man mich nur mit langen, blonden Haaren. Ich nutzte die Gelegenheit als jetzige Perückenträgerin und trug jede Haarfarbe. Kurze und lange Haare. Frisuren, die ich sonst nie gemacht hätte. Denn meine Haare waren, bis zu deren ausfallen, mein Heiligtum gewesen. Jeder Millimeter, den ich beim Friseur hergeben musste, verursachte mir seelische Schmerzen. Ich hätte mich nie und nimmer freiwillig von meinen Haaren getrennt. Ich entschied mich jedoch, vor Beginn der Therapie meine langen Haare gegen einen rassigen Kurzhaarschnitt einzutauschen. So konnte ich mich seelisch vorbereiten. Dieser Schnitt war unglaublich befreiend. Der Satz «Weg mit dem alten Zopf» machte mir in diesem Moment Sinn. Ich schnitt mir sinnbildlich und real all den alten Ballast, den ich erlebt habe und immer noch mit mir, nämlich in der Länge meiner Haare trug, weg. Es gibt den alten, abgeschnittenen Zopf noch, er liegt bei einem Familienmitglied. Ich wollte ihn nie mehr sehen und habe ihn nie vermisst. Weg war weg.

Ich hatte jedoch sehr Angst vor dem Moment, in dem ich erwachen würde und auf meinem Kopfkissen meine geliebten Haare liegen würden. Einmal mehr hatte ich Glück und ich bemerkte, bevor die Haare auf meinem Kopf ausgingen, wie ich die Haare an den Beinen verlor. Ich rasierte mich nicht mehr, um jegliche Infektionsquelle zu vermeiden. Zu sehen, dass die lästigen Beinhaare ausgingen, machte mir wirklich nichts aus. Das kannst du sicherlich nachvollziehen. Also rief ich den Friseur an, bei dem ich meine erste Perücke, eine Langhaarperücke, die ich nie trug, weil es nicht mehr zu mir passte, bestellt hatte. Ich sagte ihm: «Bitte rasiere mir nun den Kopf, es ist Zeit loszulassen.»

Ich lehnte jede anerbotene Begleitung ab, denn ich wollte diesen Augenblick ganz allein mit mir und meiner damit verbundenen Trauer ausmachen. Ich bat den Friseur, mich nicht vor dem Spiegel zu rasieren. Als seine Arbeit vollendet war, gaben er und seine Mitarbeiter mir die Rückmeldung, wie schön es aussähe und ich gottlob die Schädelform dafür hätte. Mir war es egal und ich wollte es auch nicht sehen. Ich verließ schnellstmöglich das Geschäft und fuhr an meinen Lieblingsplatz am See. Dort weinte ich mich aus. Das erste Mal nach Beginn des Krankenhausmarathons weinte ich mich krampfartig aus. Ich weiß nicht, wie lange dies andauerte und auch nicht, wie lange ich dort saß. Mir kam es wie eine Ewigkeit vor. Irgendwann hörte ich diese Stimme wieder. Sie sagte mir: «Natalie, weißt du noch, als du mit deiner Freundin plantest, eine Weltreise zu machen? Dort sagtest du doch, dass du dir dann eine Glatze machen würdest, damit du nicht abhängig von Süßwasser, Shampoo und Conditioner sein würdest. Lange habt ihr das geplant. Leider wurde es nie Wirklichkeit. Nun machst du zwar keine Weltreise, dafür aber eine Lebensreise, schaue es einfach einmal so an.» Ich dachte darüber nach und die Vorfreude, die ich damals in der Zeit der Weltreiseplanung in mir hatte, war wieder spürbar in mir da. Ich fuhr mir dann erstmals mit meiner Handfläche über meinen kahlen Schädel. Das Gefühl war unglaublich. Unglaublich schön. Das Gefühl, welches die kurzen, millimeterlangen Stoppeln in meiner Handfläche verursachten, aber auch das Gefühl, welches bei dieser Streichbewegung auf meiner Kopfhaut entstand. Ich fuhr nachhause und betrachtete mich lange in einem Spiegel. Ich mochte, was ich da sah.

Nicht lange dauerte es, bis ich gar keine Behaarung mehr hatte. Keine Wimpern und auch keine Augenbrauen mehr. Das war der Zeitpunkt, an dem ich wortwörtlich den nackten Tatsachen ins Auge sehen musste. Das war der Augenblick, in dem ich sah, an welcher Krankheit ich erkrankt war. Dies löste einen tiefgreifenden Prozess in mir aus. In meinem Spiegelbild sah ich eine komplett andere Person. Anfänglich konnte ich es nicht mehr als einige Sekunden ertragen, mich anzusehen. Mit der Zeit konnte ich aber meinem eigenen Blick immer länger standhalten. Ich musste erkennen, dass ich immer noch derselbe Mensch, dieselbe Seele wie seit jeher war. Nur, dass ich komplett anders aussah. Wenn ich mir in die Augen schaute, erkannte ich mein tiefstes Selbst wieder. Hast du schon einmal versucht, dir selbst bewusst und lange in die Augen zu schauen? Es ist überhaupt nicht einfach.

Mir wurde schlagartig bewusst, dass wir Menschen sehr dem Äußeren verhaftet sind. Man ist, wie man außen erscheint. Man ist, wie man von außen wahrgenommen wird. Ich war nicht mehr das, was ich glaubte zu sein, und doch war ich genau das, was ich immer war. Ich sah und erkannte meine Seele und nicht mein Spiegelbild.

Ich schien fahl und fade. Keine gesunde Hautfarbe und keine farb- und formgebenden, behaarten Gesichtsstellen mehr. Meine Augen jedoch hatten eine so intensive Farbe und ein so intensives Leuchten, wie noch nie zuvor. Ich mochte es, vor dem Schrankspiegel meines Kleiderschrankes sitzend, in meine eigenen Augen zu schauen. Ich versank wortwörtlich in der Tiefe meiner eigenen Augen. Ich hatte ja alle Zeit der Welt. Zeit, einfach nur zu sein und nicht produktiv sein zu müssen.

Wir beurteilen und oftmals verurteilen wir andere Menschen nach ihrem Erscheinungsbild. Aber wir beurteilen und verurteilen auch uns selbst, je nachdem, was wir im Spiegelbild sehen. Ich erkannte für mich selbst, dass unser Körper nur eine Art Wohnung ist, die wir für eine unbestimmt lange Zeit bezogen haben. Mit etwas mehr oder weniger Glück haben wir eine schöne oder weniger schöne Wohnung erhalten. Für dich mag dies vielleicht eine Rolle spielen. Aber frage mal einen Obdachlosen, ob er eine schöne oder eine weniger schöne Wohnung haben will. Einer, der keine Wohnung hat und eine möchte, wird dir sagen, dass es für ihn keine Rolle spielt, wie die Wohnung ist. Hauptsache, er hat eine. Hauptsache, er hat wieder ein Zuhause und ein Dach über seinem Kopf. Vielleicht magst du dich an genau diese Zeilen erinnern, wenn du dich das nächste Mal kritisierend, nörgelnd und dich selbst vernichtend im Spiegel betrachtest. Auch der Seele ist es beim Einzug in den menschlichen Körper egal, ob es ein schöner Körper oder eben ein weniger schöner Körper ist.

Ein kleines Kind liebt sich genau so wie es ist und wie oft sehen wir Kinder sich total verzückt im Spiegel betrachten. Egal wie sie aussehen, sie lieben sich. Sie lieben, was sie im Spiegel sehen. Erst durch die Worte von Erwachsenen lernen sie, dass man ihnen vielleicht nicht sagt, wie hübsch sie doch seien. Vielleicht hören sie aber ständig, wie andere Leute dies jedoch ihrer Schwester sagen. So entsteht zum ersten Mal die Selbstbeurteilung und diese wird oftmals zur Selbstverurteilung.

Oft wurde ich nach meinem Aussehen be- und verurteilt und noch heute fühle ich, wie Leute mich beurteilen. Die, die kann doch gar nicht spirituell sein. Ich frage dich, wieso nicht? Nur weil ich nicht alternativ angezogen bin? Nur weil ich schöne Sachen von Herzen schätzen gelernt habe? Und weiter frage ich dich: Ist denn ein alternativ gekleideter Mensch automatisch spiritueller als du? Bist du in die Falle der äußerlichen Be- und Verurteilung getappt? Ich bin es, und immer wieder und sogar heute muss ich mich selbst erneut dahingehend überprüfen.

Im Weiteren frage ich dich: Muss man als spiritueller Mensch alle Menschen gleichermaßen lieben? Nein, dass muss man nicht. Man sollte alle Menschen in ihrer Eigenheit akzeptieren und annehmen, aber man muss sie nicht lieben. Ausgebildete Medien sind keine Ich-fühl-dich-und-ich-spüre-dich-Menschen. Wir fühlen und spüren dich, wenn du uns bittest, mit dir zu arbeiten. Wenn du uns bittest, dir neue Wege aufzuzeigen. Dies bedingt aber auch, dass wir die Fähigkeit haben, dir respektvoll, aber auch wahrheitsgetreu, die Tatsachen und deine Fehler aufzuzeigen. Und genau diese unsere Fähigkeit wird dir helfen weiterzukommen. Oftmals sind Menschen enttäuscht, wenn sie nicht das hören, was sie hören wollen. Aber das ewige Honigum-den-Mund-Streichen hat dich doch bis anhin auch nicht weitergebracht, sonst würdest du nicht den Weg zu solchen Menschen suchen, oder?

Auf deinem Weg zu dir selbst musst du als Allererstes lernen, mit dir selbst ehrlich zu sein. Wenn du das erreicht hast, weißt du genau, ob jemand recht hat in dem, was er dir sagt. Du nimmst nicht mehr jeden dir zufliegenden Tennisball als Spielball an. Du kannst ihn an dir vorbeifliegen lassen. Du rennst ihm nicht hinterher. Du bleibst in und bei dir. Dies meint nicht, dass er dich nicht mehr trifft oder nicht gar verletzt. Wir sind immer noch Menschen. Aber du wirst daraus deine Erkenntnisse ziehen und irgendwann wirst du genau diesen Menschen dafür dankbar sein. Man muss nicht immer gleich den Sinn hinter solchen Dingen verstehen, aber mit der Zeit wirst du verstehen, wieso es so sein musste. Dies, wenn du bei dir selbst bleibst und dich damit auseinandersetzest. Suche nicht den Weg der Ablenkung, denn es wird ein Umweg zu dir selbst sein.

Ich war zu dieser Zeit mit einem Bein in der geistigen Welt und mit einem Bein in der materiellen. Ich war nicht mehr ganz von dieser Welt.

Verloren sein, um aufgefangen zu werden

Nach der abgebrochenen verordneten Therapie wusste ich, dass ich zwar noch weiterhin durch Nachkontrollen ärztlich begleitet werden würde. Ich hatte jedoch keine Informationen, was eine Ausleitung der Chemo oder die Stärkung meines absichtlich zerstörten Immunsystems betraf. Denn, wie ich dir ja bereits berichtete, war ein Teil meines Immunsystems die Zelle, welche zum Krebs mutierte. So wollte niemand dafür verantwortlich sein, mit dem Aufbau meines Immunsystems vielleicht genau wieder diese Krebszelle erneut zu stärken. Durch meine Entscheidung, nicht mehr weiterzumachen, war ich nun allein mit meiner Krankheit. Ich fiel in ein richtiges Loch. Niemand sagte mir nun, was ich zu tun hätte. Ich hatte keine ständigen Termine mehr, die mir immer wieder auch das Gefühl gaben, das Geschehen teilweise unter Kontrolle zu haben. Mir eine vermeintliche Sicherheit gaben, wie ich nun ehrlich anerkennen musste. Durch meine Entscheidung war ich nun ganz auf mich allein gestellt. Ich drohte, in eine Depression zu verfallen. Ich las mich stundenlang in die alternative, auf natürlichen Mitteln basierende Krebstherapie ein.

Ich stellte mir so meine eigene Therapie zusammen. Ganz intuitiv. Ich bat meine Stimme, sie solle mir doch auch nun weiterhelfen.

Angekommen in diesem seelischen Loch der Hilflosigkeit, bat ich die geistige Welt zudem, mir zu helfen, mit meiner Angst umzugehen. Welche mich auf einmal befiel und die ich nicht mehr loslassen konnte. Es war das erste Mal, dass ich in dieser Zeit Angst hatte. Ich wusste einfach nicht, wie ich es schaffen sollte, mit dieser Angst weiterzuleben. Die Angst, welche einen befällt, wenn das Urvertrauen, dass einem schon nie etwas passieren würde, verletzt wurde. Auch da half mir die geistige Welt, fast umgehend. Ich ging in einen kleinen Laden für spirituelle Sachen. Da wollte ich eigentlich einen speziellen Stein kaufen und landete schlussendlich an einem kleinen Regal mit Büchern. Ich schaute die Titel an, keiner davon hat mich wirklich interessiert. Ein Buch jedoch konnte ich aber einfach nicht ignorieren, und obwohl mich sowohl der Titel als auch der Inhalt absolut nicht ansprachen, kaufte ich es. Zuhause begann ich zu lesen, es packte mich so gar nicht, bis ich auf eine bestimmte Stelle stieß. Dann wusste ich, weshalb ich es kaufen musste. Denn die Stelle erklärte mir ganz simpel und einfach, wie ich mich mit dieser Angst auseinandersetzen und wie ich mich von meiner Angst verabschieden könnte. Wenn die Angst mich später hin und wieder trotzdem beschlich, sagte ich mir immer: «Du hast dir doch früher, wenn du das Haus verlassen hast, auch nicht den Kopf darüber zerbrochen, ob du abends wieder nachhause kommst.» Mir hat das sehr geholfen weiterzumachen.

Kurz nachdem ich meine Therapie abgebrochen hatte, hätte ich am kommenden Dienstag eigentlich meine Reha in einer Klinik, welche sich auf die Genesung Krebskranker spezialisiert hatte, antreten sollen. In der Nacht vom Freitag auf den Samstag wurde ich sehr krank. Ich hatte plötzlich 40 Grad Celsius Fieber. Ich wusste, dass diese Situation, nun körperlich so geschwächt, lebensbedrohlich sein konnte. Ich weigerte mich jedoch, wieder in ein Krankenhaus zu gehen. Ich hatte einfach die Nase voll von dem typischen Geruch, den Spitäler so an sich haben. Als aber nach zwei Tagen das Fieber noch höher anzusteigen drohte und ich die fieberbedingten Schmerzen nicht mehr aushalten konnte, willigte ich schließlich ein, in den Notfall im Krankenhaus gefahren zu werden. Man stellte dort fest, dass ich eine Lebensmittelvergiftung hatte.

Wie ich die einfangen konnte, war mir fast unerklärlich. Meine Familie und ich haben genau dasselbe gegessen. Klar, war ich nun anfälliger dadurch, dass mein Immunsystem geschwächt war. Kranke, alte Menschen und Kinder sind anfälliger für solche Sachen. Die Tage zuvor waren aber drei Kinder bei mir und keines davon hatte nur das kleinsten Anzeichen, dass sie etwas Falsches gegessen hätten.

Später, als ich mich weiter stundenlang einlas, um mich mit natürlichen Mitteln in meiner Heilung zu unterstützen, stieß ich «per Zufall» auf einen Artikel, in dem man beschrieb, dass man in früheren, vergangenen Zeiten oftmals absichtlich und ganz gezielt die Bakterien der Lebensmittelvergiftung einsetzte, um Lymphdrüsenkrebs zu bekämpfen. Aus irgendeinem Grund muss genau dieser Bakterienstamm am besten und sehr positiv die Lymphdrüsenkrebszelle angreifen. Man hatte beste Erfahrungen damit gemacht, aber wie so manche andere auch wich diese Behandlungsmethode den chemischen Medikamenten. Ich verstand nun, dass die Lebensmittelvergiftung kein blöder Zufall war, sondern es einen ganz bestimmten Grund hatte, wieso ich diese erleiden musste. Einmal mehr hat man für mich gesorgt! Ich vertraute langsam auch immer mehr meinem Körper.

Am Montag im Krankenhaus angekommen, flehte ich die Schwester an, mir nun endlich Medikamente zu geben, damit das Fieber und vor allem diese Schmerzen ein Ende hätten. Sie verneinte und sagte mir, dass ich dankbar sein soll, dass ich so hohes Fieber hätte. Wie viele von uns ja wissen, bekämpft Fieber die Krankheit. Ich jedoch war sauer, denn ich wollte unbedingt am kommenden Morgen in meine Reha fahren. Zudem hätte ich das Fieber auch zuhause in meinem eigenen Bett ausstehen können, anstatt erneut diesem mir mittlerweile verhassten Klinikleben ausgesetzt zu sein. Ich musste dortbleiben.

Ich fuhr nicht zu der geplanten Reha. Mein zugesicherter Platz wurde einfach weitervergeben. Ich war zu Tode betrübt. Ich hatte das Glück, dass mich eine Mitarbeiterin meiner Versicherung so sehr unterstützte, dass ich später direkt nach dem Krankenhausaufenthalt in eine andere Reha-Klinik eintreten konnte. Ich war sehr traurig, denn ich dachte, dass ich in der spezialisierten Klinik besser aufgehoben gewesen wäre als in der normalen. Einmal mehr wurde ich eines Besseren belehrt.

Ich bezog mein kleines, schönes Zimmer. Ich leistete mir mein eigenes Zimmer, indem ich die Differenz zum Betrag, welchen ich von der

Versicherung zugute hatte, selbst bezahlte. Ich fühlte mich dort sofort wohl. Die Leute waren sehr hilfsbereit und zuvorkommend. Am Abend wurde mir mein Tisch zugewiesen. Es waren vier ältere Frauen an dem mir nun für die gesamten zwei Wochen Aufenthalt zugeteilten Tisch. Ich hatte meine Perücke an und mich zurechtgemacht, es war schließlich eine schöne und stilvolle Erholungsklinik. So saß ich dort und hörte den Damen zu. Jede beklagte sich über dieses und jenes. Sorry, wenn ich sage, dass es Kleinigkeiten waren. Es liegt leider in der Natur des Menschen, dass wir ab einem gewissen Alter Verschleißteile haben, die uns belasten. Ich beteiligte mich nicht an dem Gespräch. Eine der Frauen sprach mich an und fragte mich, was ich junges Küken, ohne Krücken oder jeglichen Verband, in dieser Klinik zu suchen hätte. Ich sagte ihr, dass ich mich von einer Chemotherapie erholen würde. Sie hatte wirklich, gelinde gesagt, wenig Taktgefühl. Sie fragte mich, was ich denn gehabt hätte. Als ich ihr den Namen nannte, sagte sie ganz ohne Mitgefühl, dass ihr verstorbener Mann auch Lymphdrüsenkrebs gehabt hätte. Dass er ganz elend daran verreckt sei. Genau in diesen Worten hat sie mir das mitten in meiner Mahlzeit und kompromisslos ins Gesicht geschleudert. Sie hörte nicht mehr auf mit ihren Horrorgeschichten dazu. Mir war der Appetit vergangen. Ich verließ meinen noch immer gut gefüllten Teller und den Tisch. Ich spürte, wie die Tränen in mir hochstiegen. Ich ging zur Rezeption und sagte der freundlichen Dame, dass ich hier sei, um zu heilen und um mich zu erholen. Sollte sie mir nicht einen Einzeltisch anbieten können, so müsse ich noch heute Abend abreisen. Es tat ihr zwar leid, dass ich nun als Einzige alleine in diesem schönen Speisesaal sitzen würde. Sie akzeptierte aber meine Entscheidung und organisierte mir meinen eigenen kleinen Tisch. Ich war glücklich, dort zu sitzen. Ich verstand, weshalb ich nicht in der spezialisierten Krebspatientenklinik gelandet war. Ich hätte all die Leute mit all ihren Geschichten und ihren damit verbundenen Ansichten nicht ertragen. Die geistige Welt wusste dies bereits. Sie ist so viel intelligenter als wir Menschen.

Diese Erholungsklinik war mehr ein Hotel und genau das, was ich brauchte. Ich hatte keine Therapiestunden oder so etwas in der Art. So konnte ich machen, was mir guttat. Ich ging stundenlang im Wald spazieren und schwamm Ewigkeiten in dem kleinen Klinik-Pool. Ging in den Fitnessraum und baute langsam meine Kondition wieder auf. Es hatte sogar eine Sauna und dort fand man mich auch des Öfteren. Es war einfach herrlich dort. Ich fühlte mich wie ein ganz normaler Gast in einem Wellness-Hotel. Die Klinik war sehr nahe an meinem Wohnort, so konnte mich auch meine Familie schnell und unkompliziert besuchen.

Tiefe Einsichten

Noch in der Klinik, hatte mich ich für meinen ersten Kurs angemeldet, «Arbeiten mit der Matrix». Da saß ich nun, mit meiner krebstypischen Kopfbedeckung, und musste mich den mitleidigen Blicken stellen. Etwas, was ich nie wollte und was einer der Gründe dafür war, weshalb ich keinen Kontakt mit Menschen wollte, die mir nicht nahestanden. Nach dem Abkassieren der Mitleidsblicke wurde ich einfach nicht mehr wahrgenommen. Ich fühlte mich hässlich und mit meinen 14 Kilos mehr auf den Rippen richtiggehend fett. Das erste Mal in meinem Leben verstand ich, wie sich manche Menschen fühlen. Menschen, die das Gefühl haben, nicht gesehen zu werden. Diese neue Situation war anfänglich sehr befremdend, aber ich erkannte sehr bald den Segen darin. Denn nicht gesehen und somit nicht in den Lauf der Interaktionen mit hineingezogen zu werden, ermöglicht dir, das Geschehen beobachten zu können.

Meine Aufmerksamkeit lag bei der wunderschönen, jungen Kursleiterin, welche die Freundin des Inhabers war. Ich bemerkte, wie die anwesenden Männer sie ansahen und erkannte, dass ich diese

Blicke früher auch erntete. Nun würdigte keiner dieser Männer mich mehr eines Blickes. Ich war weg vom männlichen Begierde-Radar. Ich bemerkte, wie die Frau von den anderen Teilnehmern entweder bewundert wurde für ihr Erscheinungsbild, oder aber auch wegen ihrem Erscheinungsbild sofort bei einigen Teilnehmern in Ungnade fiel, ohne dass sie sich etwas zu Schulden kommen ließ. Einfach nur durch deren eigene Unzugänglichkeit oder aus deren purem Neid. Auch das war etwas, was mir all die Jahre nie zuvor bewusst war. Ich erkannte, wie viel Zeit und Kraft ich damit verschwendet hatte, zu versuchen zu verstehen, weshalb mich einige Menschen so abschätzend oder missgünstig behandelt hatten, noch bevor sie mich kannten. Es hatte, wie bei der jungen Kursleiterin, gar nichts mit mir zu tun. Sondern dieses Verhalten spiegelt lediglich die Seele, den aktuellen Entwicklungstand des Menschen wider, welcher so reagiert. Unglaublich, was für Egos in einem geschlossenen Raum herumschwirren.

Übrigens hat das Nicht-wahrgenommen-Werden einen weiteren Vorteil: man muss nicht kontrollieren, was man tut oder wie man wohl gegen außen erscheint. Herrlich und befreiend. Ich erkannte, dass die junge, schöne Kursleiterin innerlich traurig und fast ein wenig verzweifelt war. Ich nahm wahr, dass sie sich von dem Inhaber trennen wird. Am nächsten Kurs war es dann offiziell und sie nicht mehr anwesend. Schade, denn ich hatte sie gemocht. Ich lernte, dass du zuerst in die Schuhe eines anderen steigen musst, um wirklich erkennen zu können, wie dieser Mensch ist, fühlt und lebt. Wie bereits ein Indianisches Sprichwort sagt. Auch, dass man nie vergessen sollte, dass vieles oft mehr Schein als Sein ist. Heute wie dazumal war es mein Schein, der wahrgenommen wird und nicht mein Sein. Auch ich hatte diese Tendenz und ich gebe mir bis heute Mühe, nicht in alte Fahrwasser zu geraten. Manchmal gelingt es mir besser und manchmal eben nicht.

Sehen in anderen Dimensionen

Ich war nicht mehr auf dieser Welt zuhause. Ich sah hinter menschliche Konstrukte. Ich hatte eine unsichtbare Sicht. Ich sah einen anderen Lebenssinn. Meine Optik, meine Linse und mein Fokus haben sich verändert. So nahm ich auf einmal von an mir vorübergehenden fremden Menschen deren Leid, Sorgen und Verzweiflung wahr. Mir wurde bewusst gemacht, wie wir tagtäglich Menschen begegnen, denen es wirklich schlecht geht. Damit meine ich nicht körperlich, sondern seelisch. Menschen, die nicht mehr wissen, wie sie ihre Familie ernähren und alles stemmen sollen. Wie vielen Menschen sprichwörtlich das Wasser bis zum Halse steht. Wie arrogant und undankbar ich doch bisher durchs Leben ging. Ich erkannte, wie dankbar ich sein konnte. Wie dankbar ich in meinem bisherigen Leben eigentlich hätte sein sollen, anstatt in meinem eigenen Jammertal zu versinken. Bis heute habe ich mir diese Dankbarkeit aufrechterhalten. Sobald ich merke, dass ich mich in Nichtigkeiten verliere, wende ich meine Gedanken immer dem zu, wofür ich dankbar sein kann. Und das ist wahrlich mehr als das, weswegen ich in solchen Momenten hadere.

Immer wieder wurde ich in kleinen Schritten an neue Erkenntnisse und Fähigkeiten herangeführt. So erwachte ich eines Tages und bemerkte, dass ich Leute nicht mehr scharf sehen konnte. Sie erschienen mir neblig verschwommen. Ich ging zum Augenarzt, weil ich dachte, dass dies eventuell eine Schädigung meiner Augen, verursacht durch die Medikamente, sein könnte. Aber das war es nicht. Organisch war alles tipptopp. Erst als ich Löcher oder schwarze Flecken in dem nebligen Ding sah, verstand ich schlagartig, was ich sah.

Ich sah die Aura der Menschen. Ich getraute mich, die Personen zu fragen, ob sie Magenschmerzen hätten oder eben Schmerzen in diesem Körperteil, bei welchem ich etwas entdeckte. Ja, ich weiß, es klingt vielleicht etwas abgedroschen, aber es war so. Ich fing an, diese schwarzen Flecken aus der Aura zu streichen und dort, wo es Löcher hatte, diese zu verschließen. Die Ergebnisse waren der Wahnsinn. Ich bekam Freude an dem, was ich tat.

Und durch meine Kurse und die eigene Weiterbildung durch Bücher wusste ich nun, dass es auch zu unangenehmen Erstreaktionen bei den Menschen kommen konnte. So nahm ich es nicht mehr allzu persönlich, als mich meine Schwester anrief und mir halb scherzend, halb vorwurfsvoll sagte, dass ich eine Hexe sei und ich sie nie mehr wieder anfassen beziehungsweise behandeln solle. Da sie nämlich seit sie bei mir war eine akute Nierenbeckenentzündung hatte.

Zur Erklärung: Meine Schwester kam mit ihrer Familie auf Besuch. Wir saßen am Esstisch, da sah ich ein rotblaues Leuchten über ihrem Kopf. Es war nur ein kleiner, blinkender Punkt. Ich fragte sie, wie sie sich fühle, und sie sagte mir, dass sie sich seit Wochen nicht mehr fit fühle. Sie aber nicht wisse, was mit ihr nicht stimme. Ich anerbot ihr, an ihr zu arbeiten. Bei der Behandlung fragte ich sie, was denn mit ihren Nieren los sei und ob sie im Becken-Nieren-Bereich Schmerzen habe. Sie verneinte dies. Es tat ihr nichts weh, bis zu dem oben erwähnten Anruf. Ich habe ihr nichts verursacht. Ich habe nur ihre Selbstheilungskräfte aktiviert und somit konnte sie ihre latente, in ihr schlummernde Nierenbeckenentzündung heilen.

Dies ist ganz wichtig zu verstehen, und auch ich musste lernen, dies zu verstehen. Ich bin nichts anderes als der Kanal für die Kraft, die im empfangenden menschlichen Körper dessen Selbstheilungskräfte aktiviert. Kein Mensch kann dich heilen. Heilen kannst nur du dich selbst. Denke mal kurz über Folgendes nach: Du brichst dir deinen Arm. Der

Arzt richtet ihn und der Arm wird durch einen Gips stillgelegt. Hat dich nun der Arzt geheilt? Nein, das hat er nicht. Er hat dich darauf vorbereitet und die besten Voraussetzungen für deinen Körper geschaffen. Dein Körper wird nun die Heilung vollziehen. Dein Körper wird nun den Kallus bilden und durch diesen Heilungsprozess, dort, wo der Kallus gebildet wurde, wird dein Knochen stärker als zuvor sein. Somit heilt weder der Arzt noch der Heiler dich. Der, der dich heilt, bist du selbst! Dein Körper! Deine eigene Selbstheilungskraft. Aber es gibt Menschen, die haben die Fähigkeit, ein reiner Kanal für die ursprüngliche Kraft zu sein, und somit bei dir die blockierte Selbstheilungskraft zu aktivieren. Sie unterstützen dich bei deiner Heilung. Es ist nicht ihre eigene Kraft und darum verlieren sie auch keine Energie und nehmen auch keine fremden Krankheiten in ihren Körper auf. Sie geben auch nichts von ihren eigenen Krankheiten ab. Aber sie werden durch diese, sie durchlaufende Kraft ebenfalls genährt. Nun hatte ich mein Wissen, welches mir noch vor einigen Monaten gefehlt hatte.

Das Wort «Heiler» suggeriert einem vielleicht leider etwas anderes. Weil ich selbst weiß, wie sich manche Menschen in schlimmen Situationen fühlen, und wie sie vielleicht bereit wären, alles dafür zu tun, nur damit sie wieder heil werden. Und weil es eine traurige Tatsache ist, dass mit der Not mancher Menschen Schindluder getrieben wird, sage ich dir, bitte renne so schnell wie möglich davon, wenn jemand behauptet, dass er oder sie dich heilen könne.

Nochmals: Niemand kann dich heilen, außer du dich selbst, und das auch nur, wenn der Zeitpunkt stimmt und du heilen sollst. Bitte bedenke auch, dass du nicht mit jedem Menschen gleichermaßen kompatibel bist, und das ist auch so mit den Menschen, die ein Kanal für diese Heilkraft sind. Heiler, die deiner Freundin geholfen haben, müssen nicht zwangsläufig auch dir helfen können. Wir Heiler wissen, dass manche Energien nicht ineinandergreifen, dies hat nichts mit Anti- oder Sympathie zu tun und erst recht nicht damit, ob es ein guter oder schlechter Heiler ist. Er ist nicht schlecht, ihr beide passt energetisch einfach zu diesem Zeitpunkt nicht zusammen. Was wiederum nicht heißen soll, dass er dir zu einem späteren Zeitpunkt auch nicht helfen kann oder dass, wenn dir jemand helfen konnte, dieser dir von nun an immer wird helfen können. Energie kann nicht sterben, aber sie kann sich wandeln. Heilarbeit kann nicht kontinuierlich gleichbleiben, statisch verbleibend sein, denn Energien ändern sich. Energie ist immer in Bewegung.

Bewegung ist Entwicklung

Entwicklung bedingt ebenfalls immer eine Bewegung. Genauso, wie man keine Veränderung erwarten kann, wenn man selbst nicht bereit ist, in die Bewegung zu gehen oder nicht bereit ist, eine Bewegung zuzulassen. Meine eigene Entwicklung war rasant und stets im Umbruch. So kam der Augenblick, als ich die Aura weniger sah, dafür aber die körperlichen Schmerzen der Menschen ungefiltert und ungewollt annahm. So wurde es mir eine Zeit lang fast unmöglich, irgendwo hinzugehen. Ich ertrug es nicht mehr. So saß ich doch einmal gemütlich in einem Lokal und spürte, wie der Typ neben mir Herzrhythmusstörungen hatte. Nicht wirklich angenehm, nicht wahr? Mit der Zeit lernte ich jedoch, wie ich damit umzugehen hatte. Heute kann ich das schon fast in Sekundenbruchteilen ausblenden, aber es brauchte seine Zeit.

Es ist nichts Schlimmes, fremde Energien wahrzunehmen, aber es wird unerträglich, wenn du nicht lernst zu spüren, was deines ist und was nicht. Sobald du dies gelernt hast, ist es eine wundervolle Gabe. Und auch viel genauer, schneller und effizienter, als in der Aura zu lesen. Die eigentliche Arbeit bleibt aber dieselbe.

In sehr kurzer Zeit erlernte ich am eigenen Leib Techniken und die Einsetzung von Hilfsmitteln durch meine eigene Führung. Sie war mein Lehrer, aber mein Ego suchte jedes Mal nach Erklärungen in Büchern. Dies kann sehr hilfreich sein, ersetzt aber keinen Kurs und keinen Lehrer. In Kursen lernst du verschiedene Menschen kennen und jeder hat seine eigene Entwicklungsgeschichte, und vielleicht ist dort jemand, der dir sagen kann, hey, bei mir war das genau gleich. Solche Momente der Begegnungen sind unbezahlbar und enorm bereichernd. Dies kann ich dir heute sagen. Dazumal ging alles so rasant und blitzschnell, dass ich gar keine Kurse finden konnte mit all dem, was ich gerade erfuhr und erlebte. Zu diesem Zeitpunkt war mein geistiges Team mein Lehrer.

Vergiss aber bitte nie, du bist ein Individuum. Dich gib es, genauso wie du bist, nur einmal. Du bist einmalig und darum wird dein Weg einmalig sein. Solltest du je überhaupt einmal in diese Richtung gehen, dann suche dir Lehrer, die die Stärke besitzen, dich in deiner eigenen Individualität zu fördern und zu unterstützen. Was für andere richtig sein kann, muss nicht zwingend das Richtige für dich sein!

Und auch dann wirst du sehen, dass Lehrer nur Wegbegleiter sein können. Den Weg musst du allein gehen. Und manchmal ist es einfach an der Zeit, dass sich auch solche Wege trennen, und du dir für ab diesem Zeitpunkt einen neuen Wegbegleiter suchen musst. Entwicklung benötigt die Veränderung.

Seelenbegegnung

Also, nun stand ich da und habe das Thema mit der Heilung verstanden und angenommen. Ich behandelte Menschen mit Reiki. Bei mehreren solchen Behandlungen wurde ich mir verstorbener Seelen bewusst, die die zu behandelnden Menschen begleiteten. Ich fühlte die Seelen ruhig neben mir stehen und ich hatte keine Angst mehr. Ich ließ sie einfach so stehen. Nach einiger Zeit teilte ich auch den Menschen mit, dass ihr verstorbener Mann oder ihre Mutter neben uns sei und uns unterstütze. Ich redete nicht mit den Verstorbenen.

So weit, so gut. Nun nahm ich bewusst war, dass die Seele eines Verstorbenen um uns war. Ich hatte keine Probleme mehr damit, solange sie einfach um uns herum waren. Ich sah sie nicht. Ich spürte nur ihre Präsenz, ihre Energie. Eine mir liebe, nahestehende Person glaubte an Medien und an die Kommunikation mit den Verstorbenen. Jahre zuvor habe ich das nicht wirklich gewertet. Da sie mir aber während meiner Erkrankung sehr half, wollte ich mich bei ihr revanchieren. Ich sah, dass ganz in der Nähe von uns ein medialer Erlebnisabend stattfand. So organisierte ich für uns zwei

Plätze und schenkte der Person diesen Abend zu Weihnachten. Sie freute sich unglaublich und für mich war es die erste Begegnung mit einem Medium. Ich begleitete sie ohne Erwartungen, aber auch ohne Anspannung. Ich dachte, es ist nur für sie. Wir waren eine kleine Zuhörerschaft. Und das Medium stand direkt vor mir. Sie stand in etwas gedämpftem Licht, als sie anfing, den ersten Kontakt zu machen. Ich muss ganz ehrlich gestehen, ich war an dem Abend so müde, dass ich eigentlich am liebsten gar nicht dort sein wollte. Ich hörte ihr auch nicht richtig zu und ich beobachtete sie auch nicht. Ich starrte in die Leere, und wie du vielleicht mittlerweile weißt, habe ich manchmal wirklich eine lange Leitung.

So saß ich da und dachte mir noch, komisch, dieser Nebel hier drin. Dieser Nebel wurde immer kompakter und formte sich fast zu einer Gestalt. Ich war fasziniert, noch nie in meinem Leben hatte ich so etwas Schönes gesehen! Ähnlich wie als ich die menschliche Aura sah, aber noch viel schöner. Diese hier war reiner, energiegeladener als die Aura, die uns Menschen umhüllt. Die Person, die ich eigentlich nur begleiten sollte, stupfte mich an und fragte mich, was denn nur mit mir los sei. Ich muss mit heruntergeklappter Kinnlade dort gesessen sein. Das Medium starrte mich an. Ich antwortete nicht und starrte weiter diese Erscheinung an. Ich sah, wie sich um den vermeintlichen Hals der nebligen Gestalt ein rotes Seil legte. Ich sagte zu der Fragestellerin: «Der Mann hat sich erhängt.» Just in diesem Augenblick, als ich noch immer meine Worte sprach, hörte ich das Medium sagen: «Ihr Sohn hat sich erhängt.» Meine Bekannte starrte mich ungläubig an, nun saß sie mit heruntergeklappter Kinnlade da. So ging es die ganze Stunde hindurch. Wir beide erhielten keinen Kontakt.

Dies war offensichtlich auch nicht der Sinn dieses Abends. Es ging darum, dass ich meine Angst endgültig verlieren konnte, denn ich sah jede Seele, die sich an diesem Abend meldete, und nickte immer bei den Aussagen, die das Medium machte. Nicht, weil ich ihr unbedingt zustimmen wollte, sondern vielmehr, weil sie mir bestätigte, was ich wahrnahm und sah. Sie ist ein tolles Medium und nach der Vorstellung winkte sie mich herüber. Sie sagte nur: «Wenn du Lust und Zeit hast, so komm doch das kommende Wochenende in meinen Kurs.» Es hätte noch einen freien Platz. Nicht mehr und nicht weniger. Ich nahm mir die Freiheit, dies zu überdenken. Auf der Heimfahrt wollte meine Bekannte natürlich alles wissen. Wie es denn war und wie ich die Seelen sah. Ich sagte ihr immer wieder, dass ich noch nie etwas so Schönes gesehen hätte und wie blöd ich doch all die Jahre gewesen sei, mich so zu ängstigen und mich dadurch der geistigen Welt zu verschließen. Etwas, was so schön sei, gäbe niemandem einen Grund, Angst davor zu haben. Du fragst dich nun vielleicht, was denn nun der Unterschied zwischen der Erscheinung meines Großvaters und diesen Erscheinungen war. Mein Großvater war wie ein Hologramm in einem Science-Fiction-Film. Diese Erscheinungen waren nicht so, sondern eben wie gesagt auraartig, neblig, aber trotzdem noch viel genauer, heller und viel lichter als die menschliche Aura.

Die blanke Angst vor den verstorbenen Seelen, die mich mein ganzes Leben lang begleitet hatte, ist schlagartig einer unglaublichen Entzückung, Freude und Bewunderung gewichen. Es war Liebe auf den ersten Blick. Ich wollte dies unbedingt wiedersehen, nicht mit ihnen arbeiten, aber sehen auf jeden Fall. So meldete ich mich zu diesem Kurs an.

Kindliche Fragen zu heiklen Themen

Ich möchte dir noch kurz etwas versuchen zu erklären. So, wie ich es meinem damals sechs Jahre alten Sohn erklärt habe, als er mich fragte, wieso ich denn sehe, dass er Bauchweh habe. Und wo ich eigentlich hingehen werde, wenn ich nun sterbe. «Schau, du musst dir vorstellen, dass dein Körper die Wohnung für deine Seele ist. Da die Wohnung aber zu klein für deine Seele ist und sie nicht ganz in deinen Körper hineinpasst, liegt noch ein Teil deiner Seele um deinen ganzen Körper herum. Das ist die Aura, die ich sehe. Wenn ich sterbe, dann ziehe ich einfach aus meinem Körper aus. Mein Körper stirbt, weil ich ihn nicht mehr bewohne (beseele). Weil du aber die Aura (noch) nicht sehen kannst, denkst du, ich sei weg. Aber ich werde immer bei dir sein, auch wenn du mich (noch) nicht siehst. Meine Liebe zu dir braucht keinen Körper. Meine Liebe zu dir wird nie sterben.»

So möchte ich auch dir sagen, dass das genau das ist, was die verstorbenen Seelen uns immer und immer wieder sagen wollen. Das, was dir deine dir vorausgegangenen, geliebten Menschen sagen wollen. Weil du sie aber nicht sehen und hören kannst, kommen sie zu uns Medien. Wir sind einfach nur die Übermittler dieser Kommunikation. Wir sind einfach nur die Übersetzer für eine dir nicht verständliche Fremdsprache.

Übrigens sind Kinder so herrlich einfach, wenn man sie lässt. Oftmals übernehmen sie die Angst von den Erwachsenen. Da ich keine Angst hatte, hatte mein Sohn auch keine Angst. Er hatte keine Angst vor meiner Erkrankung und keine Angst vor meinem möglichen Tod. Er hat keine Angst vor meiner Spiritualität. Man muss ganz ehrlich mit ihnen sein. So war es auf jeden Fall bei meinem Kind. Sie vertrauen dir, verzeihen dir aber diesbezüglich keine Lügen. Sie können mit der Wahrheit viel besser umgehen, als wir meinen. Nur wenn wir ihnen Sachen versprechen, die wir nicht halten können, werden sie es schwer verkraften.

Mein Sohn fragte mich, als ich krank wurde «Mami, als wir auf unserer langen Reise waren, fanden wir doch in Thailand diesen großen, blauen Krebs am Strand. Hat der dich damals gebissen?» Ich fragte ihn «Nein, wie kommst du darauf?» Mein Sohn antwortete mir: «Naja, weil du nun ja Krebs hast.» Er dachte wirklich, dass man Krebs durch den Biss eines Krebses bekommt. Ich sagte ihm, dass Krebs nur die Bezeichnung für eine Art von Krankheit sei und nichts mit dem Tier zu tun habe. Er meinte: «Oh, da bin ich aber froh, ich mochte dieses wunderschöne Tier nämlich sehr!» Auch fragte er mich zugleich ziemlich direkt, ob ich nun sterben würde. Ich habe ihn nie belogen und ihm gesagt, dass man das nicht ausschließen könne und wenn ja, wer dann alles auf ihn aufpassen würde. Er meinte, dass dann ja alles gut sei. Als ich alles hinter mir hatte, fragte er mich, ob ich nun gesund sei, und ich bejahte dies. Als ich dann einige Wochen später zur ersten Nachkontrolle gehen musste, war er richtiggehend sauer und wütend auf mich. Er sagte mir, dass ich ihm doch gesagt hätte, dass ich gesund sei, und weshalb ich dann doch wieder ins Krankenhaus müsse. Wieso ich ihn so belogen hätte? Für sein kindliches Verständnis war das, als hätte ich ihn belogen. Für ihn hieß gesund: Krebs weg, vorbei Krankenhaus und vorbei Kontrolle.

Eintauchen in die Medialität mit all ihren Facetten

Nun war ich an diesem Kurs zu Sensitivität und Medialität. Dem ersten in meinem Leben. Zuvor habe ich der Lehrerin noch gesagt, dass ich auf keinen Fall mit den Verstorbenen arbeiten und reden wolle. Alles andere ja, aber das auf keinen Fall.

Ich machte meinen ersten medialen Kontakt an diesem Wochenende und ich war so erstaunt, wie einfach und selbstverständlich ich bereits am ersten Tag jemandem einen Kontakt gab. Ohne Zwang und ohne unbedingt etwas erreichen oder erfolgreich sein zu wollen. Ich meinte eigentlich, dass ich sensitiv arbeiten würde, und machte einen Jenseitskontakt. So besuchte ich noch ein weiteres Wochenend-Seminar, und wann immer es ging, saß ich mit dieser Gruppe gemeinsam im Sitting-in-the-Power. Sitzen in deiner eigenen Kraft und Stille. Ich merkte, wie ich immer mehr Richtung Trance gezogen wurde. Ich erkannte den Unterschied, da ich in meiner zeitgleich laufenden Ausbildung als Hypnotherapeutin genug Erfahrungen mit den Stufen der unterschiedlichen Bewusstseinszustände und deren Tiefen hatte. Ich überlegte mir, ob ich mich irgendwo zu einem Tranceseminar anmelden sollte. Ich googelte und fand aber nichts Geeignetes. Wusste ich doch eigentlich gar nicht, wonach ich richtig googeln sollte. Spirituelle Trance ist nicht gleich Hypnose. Jedenfalls dachte ich, ok, dann soll es nicht sein, und insgeheim war ich auch etwas erleichtert, hatte ich doch schon genug mit der anderen Ausbildung zu tun.

Ich weiß zu hundert Prozent, dass ich mich nirgends in einen Newsletter eingetragen habe. Das mache ich auch heute noch höchst selten. Auf jeden Fall hatte ich eine Mail in meinem Posteingang. Dort stand MAS, ich löschte es gleich wieder. Wenige Tage später hatte ich genau diese Mail wieder in meinem Posteingang. Ich hörte wieder einmal diese Stimme und sie sagte mir, ich soll nun endlich mal dieses Mail lesen! Ich las es. Wie gesagt, es gibt keine Zufälle. Dort stand, dass die MAS, die Mediale Akademie Schweiz, eine Seminarwoche anbiete. Ich schaute, wo denn diese Woche stattfinden würde. In Einsiedeln, das lag ja noch in erreichbarer Nähe, und so las ich weiter. Ich sah, dass ein englisches Medium in dieser Woche ein Tranceseminar leitete. Nun hatte ich doch genau das erhalten, was ich schon fast wieder auf die Seite legen wollte. Da ich meiner Führung vertraute, rief ich dort sofort an. Ich glaube, es war zwei Wochen vor dem Durchführungsdatum dieser Kurswoche. Ich war also sehr kurzfristig unterwegs. Der Mitinhaber der MAS erklärte mir am Telefon freundlich, dass die Anmeldung bereits abgeschlossen sei und die Kurse gefüllt seien. Ich sagte ihm, dass für mich nur dieses Tranceseminar in Frage komme. Alles andere sei nichts für mich. Er fragte mich, ob ich spontan sein könne, und ich bejahte dies. So nahm er mich auf die Warteliste. Es war, wie es sein musste, kurz vor dem Seminar wurde ein Platz in der Trancegruppe frei und ich durfte hineinhüpfen. Es war wirklich so, dass ich dorthin musste. Jeder, der die MAS kennt, weiß, dass man nicht angeschrieben wird, wenn man nicht den Newsletter beantragt, und man wird schon gar nicht damit überschwemmt. Wie gesagt, die Anmeldefrist war bereits abgelaufen, die Kurse ausgebucht und die Mails nicht mehr im Umlauf. Ich hinterfragte nichts und freute mich einfach wahnsinnig auf meine Teilnahme.

Ich widmete mich acht Monate nur der Trance, dann der physikalischen Medialität, als ich auf einmal nicht mehr «sitzen» konnte. Es war das Zeichen, dass es nun an der Zeit war, mich wirklich den Jenseitskontakten zu widmen. Daran bin ich nun seit 2015, habe meine Angst komplett verloren und diese Arbeit sehr lieben gelernt.

Geistige Welt ist bedingungslose Liebe

Da ich erst langsam wieder in den Arbeitsprozess integriert wurde, hatte ich sehr viel Zeit für meine Patienten in meiner Praxis. Ich hatte sehr viel Zeit für jeden Einzelnen. Sobald ich irgendeinen Schmerz fühlte, sprach ich die Person darauf an. Stell dir vor, du sitzt bei einer Behandlung X und die dich behandelnde Frau fragt dich aus heiterem Himmel, ob du schon lange Magenbrennen hast. Oder ob du diese Wallungen der Wechseljahre öfters am Tag hast. Oder wann du das letzte Mal deine linke Brust untersuchen lassen hast. Ja, genau so haben mich meine Patienten angeschaut. Oftmals sagte mir die Stimme, leg deine Hand dort und dort auf, und die meisten Patienten willigten sofort ein. Sie konnten ja nichts verlieren.

Wenn dies geschah, also wenn die Stimme mir sagte, dass ich an diesem Menschen arbeiten soll, durchströmte mich eine Liebe, die so rein und bedingungslos war, wie ich sie nie zuvor erfahren habe. Ich behaupte, dass wir gar nicht wissen, wie sich reine, echte, bedingungslose Liebe anfühlt. Dieses Gefühl ist außerirdisch. Als mich diese Liebe das erste Mal, als Kanal, durchströmte, ging ich weinend nachhause. Dort erzählte ich, dass ich nicht verstehen konnte, was da passierte. Ich liebte in reinster Liebe einen mir unbekannten 90-jährigen Mann. Stell dir das einmal vor, wie irrsinnig sich das anfühlt. Einem wildfremden Menschen mit tiefster, inniger Liebe zu begegnen! Liebe, inniger als du sie je zuvor gespürt hast, zu erfahren. Das hat mich zutiefst berührt und ich weiß nun dass, was immer unsere Urkraft, unsere Schöpferkraft ist, diese jeden Einzelnen von uns so bedingungslos liebt. Egal wer und was wir sind.

Es war aber nicht nur dieses Gefühl, das mich durchströmte, dieses Gefühl hatte auch eine Farbe, es war ein leuchtendes Magenta.

Ich war wie ein Röntgengerät oder wie ein Frühwarnsystem, teils sah ich die Knochen wie in einem Röntgenbild. Ich wetteiferte mit den Berichten der Ärzte. Damit meine ich, dass ich nichts von den Patienten wissen wollte. Ich sagte, was ich spüre, und die, die bereits Unterlagen zu ihrem Thema hatten, brachten diese das nächste Mal mit. So konnten wir gemeinsam meine Wahrnehmung überprüfen. Mein Vertrauen in meine Gabe wuchs so selbstverständlich schnell an. Das Vertrauen meiner Patienten in mich wuchs ebenfalls. Ich suchte nach Menschen, die dieselben Erfahrungen gemacht hatten wie ich. Aber wie du dir vorstellen kannst, findet man die nicht an jeder Ecke. Die meisten getrauen sich gar nie, damit an die Öffentlichkeit zu treten. Leider ist es immer noch ein Thema, bei dem man sich vor den schrägen, ungläubigen Blicken seiner Mitmenschen fürchtet.

Das geistige Team gibt den Takt an und nicht ich

Obwohl ich mich nun endlich geöffnet hatte und dies auch nicht mehr versteckte, hatte ich unbedingt das Gefühl, dass ich nun ein Zertifikat brauche. Ich arbeitete bereits nicht mehr nach Reiki-Art und suchte nun nach etwas Handfestem. Etwas, das Hand und Fuß haben soll und am besten medizinisch angelehnt ist. Ich komme ja bereits aus einem schulmedizinischen Gebiet und dort habe ich auch jede Prüfung abgelegt, die ich ablegen konnte. So lag es fast auf der Hand, dass ich auch auf diesem Gebiet danach streben würde. Schließlich braucht Frau ja etwas in der Hand, um den Menschen, die mich ankreideten und anzweifelten, das Dokument der Legitimierung unter die Nase halten zu können.

So machte ich mich auf die Suche nach zertifizierten Kursen. Ich meldete mich zu einem Therapeutic-Touch-Kurs an. Dies, weil dieser am wenigsten einen esoterischen Beigeschmack hatte, und in den USA offiziell in den «normalen» Klinikalltag integriert war. Ich fühlte mich gleich wohl in dieser Kursgemeinschaft. Das Einzige, womit ich wirklich Mühe hatte, war, dass ich meine Kraft in die betreffende Körperstelle hineinvisualisieren hätte sollen. Ich sprach die Kursleiterin darauf an. Sie war wirklich sehr nett, sie gab auf alles eine Antwort, worauf sie eine Antwort wusste. Ich stand aber jeweils neben den Leuten und sagte, du hast hier und da diese und jene Schmerzen. Wir mussten untereinander arbeiten und ich machte es genau so, wie die Kursleiterin es uns sagte. Ich visualisierte nun auch noch meine eigene Kraft in diese Übung mit hinein. Einige Sekunden später bat mich mein Gegenüber aufzuhören, sie halte es nicht mehr aus. Als wir die zu behandelnden zwei Punkte anschauten, hatte sie zwei kleine, verbrannte Hautstellen, die konnte man noch am Ende des Tages sehen. Mir war das so unangenehm und ich fühlte mich so schuldig. Wieder typisch ich, dachte ich schuldbeladen, ist ja klar, dass du wieder aus der Reihe tanzen musst. Wollte ich doch einfach endlich mich nur in einer Gesellschaft von Gleichgesinnten wiederfinden und nicht die Komische sein.

Die Gruppe war wirklich lieb. Und eine andere Teilnehmerin fragte die Kursleiterin, ob man das, was ich da mache, auch lernen könne. Die Kursleiterin meinte ganz lieb, ehrlich und offen, dass ich da wohl eine Gabe bekommen hätte, die man mit

Menschenverstand nicht erlernen könne. Und sie nicht die richtige Person sei, mir all meine Fragen zu beantworten, da sie nach einem System arbeite. Das System funktioniert zweifelsfrei und bringt vielen Menschen Schmerzlinderung, aber es war nicht das, wie ich arbeitete. Sie sprach das ganz offen und ehrlich aus. Ohne Scham und ohne Unterton. Sie sagte mir, dass ich sicher morgen wiederkommen dürfe, aber sie sich sicher sei, dass ich nicht hierhingehöre. Sie sagte mir, dass ich am ehesten in die Gruppe der Geistheiler gehöre.

So machte ich mich erneut auf die Suche. Meine Stimme riet mir, keine Kurse mehr zu besuchen. Ich fand eine Organisation, bei der ich mich auch ohne Kurs zertifizieren lassen konnte. Ich brauchte dafür eine bestimmte Anzahl Berichte von Menschen, die ich behandelt hatte. Diese mussten dann ihrerseits einen Bericht schreiben, wie ich arbeitete, was sie fühlten, und was das Ergebnis meiner Behandlung war. Sie wurden dann auch noch telefonisch dazu befragt, um wirklich jede Schummelei meinerseits ausschließen zu können. Sehr professionell, muss ich wirklich sagen! Auch kostete das wirklich eine Stange Geld, damit man sich das zweimal überlegt, ob man diese Zertifizierung wirklich machen möchte.

Nachdem dann eine Kommission meine eingereichten Unterlagen geprüft und anerkannt hatte, durfte ich mich an die eigentliche Prüfung anmelden. Wieder einmal hatte ich mehr als Glück und stand innerhalb weniger Wochen vor diesem Gremium.

Ich weiß nicht mehr, wie viele Prüfer es waren, fünf oder sechs an der Zahl. Sie saßen an zu einer Reihe gestellten Schultischen und sahen mir bei der Behandlung zu. Die Klienten wurden von der Organisation gestellt und es sollten Menschen sein, die wirklich Hilfe benötigten, und von außen kamen. Also Menschen ohne Erfahrungen diesbezüglich, sozusagen Menschen «von der Straße». Das Prüfungsgremium wechselte dann am Nachmittag. Die Prüfung dauerte einen Tag. Am Morgen waren es Medien, wie ich nach der Prüfung erfuhr, die meine Arbeit als Erstes bewerteten. Die Behandlung war mehr als speziell. Die junge Frau, die sich auf die Massageliege legte, begann sich innerhalb weniger Minuten wie ein Aal zu verbiegen. Sie stöhnte und wandte sich. Ich hatte so etwas noch nie gesehen. Ich war total verunsichert und wollte die Behandlung eigentlich beenden. Ich wusste nicht, was ich nun machen sollte. Meine Stimme meldete sich und sagte: «Wir sagen dir, wann du aufhören musst. Hör jetzt noch nicht auf, es ist noch nicht vollendet.» Ich machte weiter und sprach kein einziges Wort mit der Frau. Ich beachtete die Prüfer keinen Moment. Das Sichwinden der Frau wurde weniger, und als ich die Stimme hörte, hieß es, es sei nun getan. Ich setzte mich mit einem Stuhl neben die junge Frau. Ich sagte immer noch nichts, ich beobachtete sie nur. Als sie dann irgendwann ihre Augen öffnete, lächelte sie mich an und sagte einfach nur: «Ich danke dir von Herzen.» Ich drehte mich zu dem Gremium um und sagte, dass die Behandlung abgeschlossen sei. Sie fragten mich, ob ich noch etwas sagen möchte. Ich wollte nichts sagen, weil es nichts zu sagen gab. So musste ich den Raum verlassen und die junge Frau blieb bei dem Gremium. Dort musste die Frau erzählen, was sie erlebt und wahrgenommen hat.

Später wurde ich zu den Prüfern gerufen, die mir sagten, dass sie so etwas noch nie erlebt hatten. Sie meinten das Sichwinden der Person und sie bewunderten, dass ich so ruhig und gelassen alles geschehen lassen konnte. Sie seien die Gruppe, die aus Medien bestehe, und sie hätten die Energien gesehen, welche da gearbeitet haben. Am Nachmittag saß ich vor dem Prüfungsraum, mit einer jungen Frau. Ich dachte, sie sei auch eine Prüfungskandidatin. Sie fragte mich aus.

Im Gespräch erzählte sie mir dann, dass sie in einer Therapeutischen Ausbildung sei und diese Prüfung irgendwann auch machen werde. Heute sei sie da, weil eine Klientin kurzfristig abgesprungen sei. Sie wurde in einen Raum gerufen und ich sah sie dann kurz darauf als meine Prüfungsklientin wieder.

Ich fing wie zuvor mit der Behandlung an. Ich wollte zuvor nichts von der Patientin wissen. Heilung braucht keine Worte. Die Klienten brauchen die Worte. Die wirkliche Heilung hingegen geschieht innerhalb kürzester Zeit und vor allem wortlos. Ich fing also an und innerhalb kürzester Zeit wusste ich, dass die Heilung dieser Frau nicht auf der körperlichen Ebene stattfand, sondern es ein seelisches Thema betraf. Ich arbeitete weiter und merkte, wie sich die durch mich arbeitende Kraft zurückzog. Die Stimme sagte, ich solle der Frau sagen, dass die Heilung vollendet sei und sie selbst wisse, dass ihr Thema kein körperliches gewesen sei. Dass sie aber in zwei Tagen erkennen werde, dass sie ihr Thema geheilt habe. Ich sagte ihr genau das, nicht mehr und nicht weniger.

Ich schaute auf die Uhr, es waren keine 15 Minuten vergangen. Ich hatte circa 45 Minuten Zeit für die Behandlung, so wie eben therapeutisch in den

Praxen gearbeitet wird. Innerlich schimpfend mit meinem geistigen Team, mich jetzt nicht so hängen zu lassen, sprach die Stimme zu mir: «Es gibt nichts mehr, was getan werden muss. Diese Person hat ihre Heilung erhalten und alles andere ist nicht ehrlich. Wenn du weiterarbeiten willst, dann mache das, aber es wird nur deine Anwesenheit sein. Verschwende keine Zeit, wo es keine Zeit mehr braucht.» Ich setzte mich auf den Stuhl neben der Liege und überlegte ganz kurz, was ich denn nun machen sollte. Einfach wie eine Reiki-Behandlung weitermachen, damit ich die zu verbrauchende Prüfungszeit ausfülle?

Das könnte ich problemlos machen. Ich spürte aber so einen Widerstand gegen diese Option, dass ich aufstand und der Klientin mitteilte, dass die Behandlung nun beendet sei. Ich drehte mich dem Gremium zu und sagte, ich sei fertig. Die Heilung, die diese Frau brauche, habe sie erhalten. Die Gremium-Mitglieder schauten mich entsetzt an. Eine der Frauen sagte mir, ob ich mir das nicht noch einmal überlegen wolle, und ob ich mir bewusst sei, dass keine 20 Minuten vergangen seien. Ich bejahte dies. Einer der Prüfer schaute mich an und sagte mir, wie unprofessionell ich sei, und ich die verbleibende Zeit nutzen solle. Er als Prüfer gehe eigentlich davon aus, dass man diese

Prüfung bestehen möchte, und nicht einfach abbreche. Ich erwiderte, dass ich nicht abbreche, sondern dass mein geistiges Team mit seiner Arbeit fertig sei, und dass alles andere nur Verschwendung von Zeit sei. Ich sehr genau wisse, wie ich noch eine längere Behandlung machen könnte. Ich aber eigentlich davon ausginge, dass ich in Geistheilung geprüft werde, und nicht in einem nach einem standardisierten System ablaufenden und einstudierten Behandlungsablauf. Heilung erfolge in Bruchteilen von Sekunden und nicht in 45 Minuten. Er war stinksauer und ich durfte den Raum verlassen. Das Gremium sagte mir, dass sie sich beraten werden, und ich dann von ihnen hören würde.

Ich hatte einen langen Heimweg und viel Zeit, um mit meinem Team zu schimpfen. Irgendwann war ich aber an einem Punkt angelangt, wo ich verstand, was meine Lektion war. Sie hatte mich mehr als tausend Franken gekostet, aber sie war eigentlich unbezahlbar. Wenn ich durch die geistige Welt würde arbeiten wollen, so hatte ich mich nach ihnen zu richten. Sie entscheiden, wann und wo die Heilung stattfindet. Auch über die Behandlungsdauer hatte ich nicht zu entscheiden. Ich hatte mein Ego herauszuhalten. Die geistige Welt braucht keinen routinierten Behandlungsablauf. Die geistige Welt braucht keine vorgegebene Behandlungszeit.

Das alles brauchen nur wir Menschen! Mir wurde somit klar aufgezeigt und bewusst, dass ich nie standardisiert werde arbeiten wollen. So unkonventionell arbeite ich heute noch. Ich reserviere mir zwar genügend Zeit, aber ich kläre die Klienten zuvor auf, dass, wenn die Heilung abgeschlossen sei, sie noch liegen bleiben dürfen. Ich ihnen diese Zeit lasse, wenn sie sie brauchen. Ich ziehe mich dann zurück und lasse dem Menschen die Zeit, die er braucht. Wenn er Fragen hat, dann stehe ich ihm zur Verfügung. Wenn ich ihm etwas mitzuteilen habe, dann sage ich es ihm. Wenn nicht, dann muss es eben nicht sein. Ich mache keine Vorbesprechung und auch keine Nachbesprechung. Ich mache jeweils einfach das, was mir gezeigt wird. Die richtigen Menschen finden mich. Die, für die das stimmt, kommen zu mir und die, die etwas anderes brauchen, finden den richtigen Heiler, Menschen, Therapeuten, wie immer du ihn nennen möchtest.

Zuhause angekommen schrieb ich sofort eine Mail an diese Organisation. Ich schrieb, dass ich, sollte ich die Prüfung nicht bestanden haben, absolut kein Problem mit dieser Tatsache hätte. Ich hätte sowieso für mich entschieden, dass ich nicht in die Therapeutenliste aufgenommen werden möchte. Dass ich persönlich nie nach dem geforderten

Behandlungsablauf, welcher ihrer Qualitätssicherung dient und auch seine Berechtigung hat, arbeiten würde. Ich habe die Prüfung bestanden, in die Therapeutenliste ließ ich mich aber wie gesagt nie eintragen.

Übrigens trenne ich heute meine zwei verschiedenen Berufe, die Arbeit in meinem ursprünglichen Beruf sowie meine Arbeit als Medium, ganz bewusst und strikt voneinander, dies musste ich zu meinem eigenen Schutz machen. Sonst arbeitet man gleichzeitig auf «zwei verschiedenen Baustellen», das ist für mich nicht nur unprofessionell, sondern das brennt auch auf die Dauer aus. Jede meiner Tätigkeiten findet zudem mit einer anderen Art von Energie statt. Jede meiner Tätigkeiten hat nun ihre eigene Zeit, in der ich sie praktiziere.

Meine Entwicklung

Ich hatte mehr als einmal meine Lektion zu lernen. Meine mediale Entwicklung drehte sich jedes Mal schlagartig in eine andere Richtung. Kaum hatte ich eine Fähigkeit erlangt und dachte, ok, nun werde ich nur noch das machen, wurde ich in eine andere Richtung katapultiert. Ich kann es leider nicht anders nennen.

Während meiner Entwicklung habe ich auch einige therapeutische Ausbildungen gemacht. Heute arbeite ich nicht mehr nach diesen Schemen. Ich arbeite nach dem und mit dem, was ich fühle, was der Mensch braucht.

Ich weiß, dass ich noch lange nicht fertig bin. Spiritualität ist ein ewiger Entwicklungsprozess und endet nicht einmal mit unserem körperlichen Tod.

Wir Menschen gebrauchen so viele Worte und ich finde nie die richtigen.

Wir Menschen müssen immer alles verstehen und erklären und ich frage mich oft, weshalb.

Wir Menschen haben immer so viele Fragen und ich oftmals keine Antwort.

Wir Menschen suchen die Ruhe und die meisten fürchten die Stille, denn in der Stille begegnen sie sich selbst.

Ich glaube nicht mehr, dass es eine geistige Welt gibt. Ich weiß es!

Es gibt in meinem Buch keinen starren Ablauf, weil irgendwie eines ins andere greift. Ich lasse mich auch jetzt führen und schreibe das nieder, was genau zu diesem Zeitpunkt geschrieben werden will. Ich kann dir nicht alles aus meinem medialen Lebenslauf aufschreiben. Ich bin eigentlich im normalen Alltagsleben sehr strukturiert, aber dieses Buch hat seine eigene Berechtigung, seinen eigenen Sinn. Es ist zwar meine Geschichte, aber ich bin nicht allein, wenn ich schreibe. So merkst du vielleicht auch, wenn sich die geistige Welt ausdrücken möchte. Vielleicht erkennst du die inspirierten Worte zwischen manchen Zeilen. Ich zensiere das nicht, denn meine Geschichte ist ja auch die Geschichte meines geistigen Teams und wieso sollten sie nicht auch zu Worte kommen dürfen?

Vielleicht fragst du dich, wer ich bin. Ich war eine Suchende. Ich wurde eine Reisende. Ich bin immer noch auf meiner Reise, ich habe bereits viele Dinge kennengelernt, aber ich bin mir sehr bewusst, dass es noch viel mehr geben wird, was ich sehen, erfahren und lernen darf. Ich bin schon weit gekommen aber ich weiß, dass ich in Anbetracht dessen, was es alles noch gibt, eigentlich noch nirgends bin. Vielleicht mögen für dich meine Zeilen in diesem Buch überheblich klingen. Vielleicht denkst du auch, dass ich mich selbst beweihräuchere. Die Menschen, die mich wirklich kennenlernen, die Menschen, die mich auf meiner Reise begleiten, wissen, dass dem nicht so ist. Immer wieder hinterfrage ich, hinterfrage ich auch mich, immer wieder beschleichen auch mich meine Zweifel. Immer wieder gelange auch ich an diesen Punkt, wo ich am liebsten die «Flinte ins Korn» werfen würde. Einfach ein «normales» Leben führen möchte, was auch immer das sein sollte.

Das kann ich aber nicht mehr, denn die Liebe, die ich von der geistigen Welt erfahren durfte, und die Liebe, die ich in meiner Arbeit für die geistige Welt empfinde, ist stärker als alles andere. Immer wieder, wenn ich mich ihr für eine gewisse Zeit verschließe, dauert es nicht lange, bis ich mich leer fühle. Sie ist ein Teil von mir und ich bin ein Teil von ihr. Bis heute weiß ich immer noch nicht zu hundert Prozent, was die Stimme damit meinte, als sie mich fragte, ob ich nun das Leben leben werde, für welches ich auf diese Erde gekommen bin. Ich spüre einfach, dass es für mich kein Leben mehr ohne die Stimme gibt. Ich verfolge kein absichtliches Ziel. Ich lasse mich führen. Ich wollte nie eine Heilerin sein, ich wurde es. Ich wollte nie eine Sensitive sein, ich bin und war es einfach schon immer. Ich wollte nie ein Medium sein, ich wurde es. Ich lernte, dass, wenn ich irgendwo besser sein wollte, mich in einem Gebiet aktiv mit meinem Ego verbessern wollte, ich immer schlechter wurde.

Besser werden wir, indem wir es einfach machen. Indem wir es einfach machen, hat die geistige Welt Zeit, immer besser durch und mit uns zu arbeiten. Was es aber braucht, ist deine Hingabe, deine Demut und deine Disziplin. Wenn du überhaupt einmal so arbeiten willst, ist es ein Vertrag, den du ganz persönlich mit deinem Team, mit der geistigen Welt, schließt. Und daran hast du dich dann auch zu halten. Du gehst ja auch nicht einfach spontan nicht zur Arbeit, oder? Damit meine ich nicht, dass du immer offen, immer voll verbunden sein solltest. Das würde gar nicht gehen, du würdest innert kürzester Zeit zugrunde gehen. Das verlangen deine geistigen Freunde auch in keiner Art und Weise von dir. Aber sie erwarten, dass du dich in regelmäßigen Abständen mit ihnen triffst. Das du ihnen in regelmäßigen Abständen die

Gelegenheit gibst, mit und durch dich zu arbeiten. Am besten immer am gleichen Tag und zur gleichen Zeit. Dies nicht, weil die geistige Welt es braucht, sondern weil es für dich nur so zur absoluten Routine wird. Suche dir einen regelmäßig stattfindenden Zirkel, wo du dich wohlfühlst.

Nur so wird diese Verbindlichkeit für dich so selbstverständlich, wie du dir deine Zähne putzt. Du und deine geistigen Freunde seid ein Team. Keiner kann ohne den anderen wirken, vergiss das bitte nicht.

Ich lernte zu verstehen, wer und was ich bin. Ich lernte, meine Gaben zu nützen, so wie ich auch lernte, diese bewusst ein- und auszuschalten. Dadurch lernte ich all ihre Facetten zu lieben.

Herzlichst,

Natalie

Ps. Die Frage, ob man als Medium geboren wird, kann ich dir nicht beantworten. Ich kann dir nur sagen: Wenn du eines sein solltest, dann wird dein geistiges Team alle Hebel dafür in Bewegung setzen, dass du dich dieser Thematik annimmst und stellst. Ob du dann als Medium an die Öffentlichkeit gehen willst, oder lieber nur für deine Familie und Freunde arbeitest, unterliegt deinem freien Willen. Nichts ist mehr oder weniger wert! Niemand wird dir sagen, dass du ein Medium bist, nicht einmal die geistige Welt. Denn du hast schlussendlich die freie Wahl, deinen freien Willen. Genauso wie du die Verantwortung für dein Leben zu tragen hast.